TOD开发
五原则

杨 鹂 郭 春 王华文 赵明珠 著

中国建筑工业出版社

图书在版编目（CIP）数据

TOD开发五原则/杨鹧等著. —北京：中国建筑工业出版社，2022.6
ISBN 978-7-112-27250-1

Ⅰ.①T… Ⅱ.①杨… Ⅲ.①城市铁路－轨道交通－交通运输中心－建筑设计－成都 Ⅳ.①U239.5

中国版本图书馆CIP数据核字（2022）第052655号

责任编辑：赵　莉　吉万旺
版式设计：锋尚设计
责任校对：姜小莲

TOD开发五原则
杨　鹧　郭　春　王华文　赵明珠　著

*

中国建筑工业出版社出版、发行（北京海淀三里河路9号）
各地新华书店、建筑书店经销
北京锋尚制版有限公司制版
北京富诚彩色印刷有限公司印刷

*

开本：787毫米×960毫米 1/16　印张：11¾　插页：1　字数：200千字
2022年6月第一版　　2022年6月第一次印刷
定价：**128.00**元
ISBN 978-7-112-27250-1
（39117）

版权所有　翻印必究
如有印装质量问题，可寄本社图书出版中心退换
（邮政编码100037）

2017年，成都出台《成都市人民政府关于轨道交通场站综合开发的实施意见》，吹响了以TOD模式开展轨道交通场站综合开发的号角。经过三年多的实践，从2018年开始的14个TOD示范项目的策划、规划设计、开发建设到2020年多个项目成功上市，商业运营有序推进，成都已经形成一套"1+2+*N*"的TOD顶层设计体系，总结出适合成都发展的TOD成都模式，形成具有成都特色的TOD成都特点。

TOD综合开发经过数十年的发展，在不同城市形成了不同的模式、特点，但"人车分流""精细化设计"等理念始终是TOD开发设计规划的主旋律。渡边莊太郎先生作为成都轨道交通集团的TOD首席顾问，率先提出TOD规划设计的"TOD开发五原则"，并以此指导成都TOD一体化城市设计。

本书以渡边莊太郎"TOD开发五原则"为框架，从轨道公司、地产开发、政府、乘客、城市五个视角出发，对具体的15条细则进行探讨与解读，总结成都TOD项目实践的宝贵经验。

此外，如何提高TOD综合开发的政治、经济、社会、生活、生态等综合价值，是一个城市可持续发展将面对的问题。本书在"TOD区域管理活动"的章节提出了很好的思路和应对方法。

序言

TOD（Transit Oriented Development，公交导向发展）以公共交通为导向的开发区别于我们所熟知的传统轨道上盖项目，从其开发模式上解读，就是"公共交通沿线紧凑型高容高密、功能复合"的城市开发模式。

具体而言，伴随着城市用地的扩张，为缓解城市机动车依赖型交通模式，市中心的轨道站点周边推进商业设施等高密度开发的同时，在郊区的轨道站点周边规划住宅，进一步完善城市功能。日本的站前与轨道沿线开发可提高城市轨道收益，并且紧凑型城市开发与轨道交通发展相辅相成，促进了城市可持续发展。

TOD商业最大限度地吸引轨道乘客的关键在于沿人流动线配置车站大厦商业、车站直接商业、邻近公共设施与商务办公设施、住宅设施。

纵观全球TOD城市开发案例，成功的TOD城市一般拥有高品质的步行者专用道路与完善的人车分流体系。从轨道站点到住宅等区域，打造连续、完善的"人车分流体系"，给予步行者安全、安心、舒适的步行环境。居民生活环境显著改善，区域自然会汇集人气。"人车分流体系"能提高步行效率，也能提升车辆的通行效率。在站前等交通堵塞的道路实现人车分流，车辆通行也会更顺畅。

成都TOD开发，最有效的方法是实现站前的人车分流。但值得注意的是，人车分流不是简单地铺设空中连廊。尤其对于地下站点来说，空中连廊通常需要人们多次跨越不同的楼层，使用不便。人车分流的初衷就是以人为本，目的是通过舒适、美观的步行干道，提升城市整体品质。虽然空中连廊在一定程度上能够提升便利性，但单纯为了追求效率而建过多的空中连廊就与通道、天桥无异，丧失了城市街道的魅力。

成都的轨道站点多为地下站点，通过自然采光通风、绿意盎然的下沉广场与开放度较高的地下商业街实现车站与各地块的人车分流。可以说，这是成都市美丽宜居公园城市规划和拥有安全、安心、舒适步行环境的TOD的融合。基于成都TOD开发实践，运用本书提出的TOD五原则理论，成都一定能作为TOD先进城市实现城市开发的可持续发展，并且在不久的将来，城市环境会实现质的飞跃。

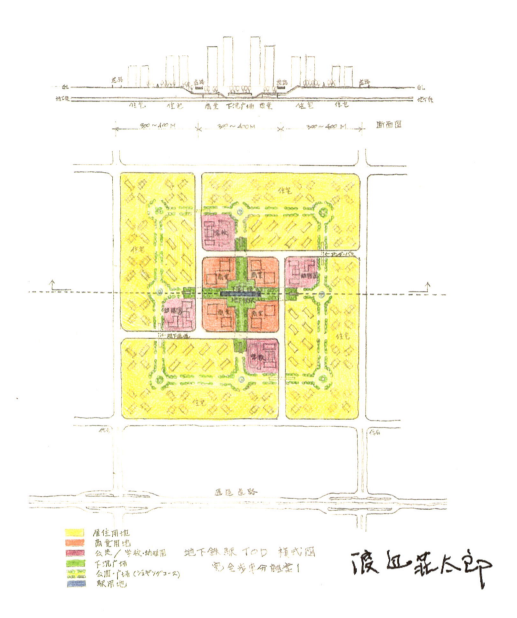

成都TOD开发模式 手稿

TOD（Transit Oriented Development）という概念は、一般の軌道上の建物とは異なって、公共交通沿線で高密度・複合機能のコンパクトな開発を指すものです。

具体的には、市街地の拡大と共に自動車依存が進んだ都市開発から転換するために、都市中心部の鉄道駅周辺に商業施設など高密度開発を推進すると同時に、郊外部における鉄道駅周辺に住宅地を計画的に整備する都市開発を推進することです。日本における駅前・沿線開発は、都市鉄道の収益性向上と、コンパクトな市街地の形成という都市と鉄道の両面に作用し、これによって持続可能な都市開発を促進しています。

鉄道駅を中心にTODを考えると、乗降客を最大限利用するため、駅ビル内や駅直結の商業施設が設置されると共に、近接した公共施設や業務機能と、周辺の人口密度の高い住居地域が歩行者動線網に沿って配置されます。

TODの成功例を見ると、質の高い歩行者動線網として歩行者専用道と車道を分離した「歩車分離システム」が採用されていることが多いようです。鉄道駅がある街の中枢と住宅地などが途切れることなく結ばれた「歩車分離システム」は、歩行者にとって安心・安全で快適な歩行環境です。それだけで住環境が格段に向上するため当然人気を集めています。同時に「歩車分離システム」は、基本的に人の通行の向上を目指すものですが、これは車側にもメリットがあります。駅前など混雑の激しい道路で歩車分離が行なわれると、その分スムーズに車が移動できます。

成都のTODについても、最も効果があるのは駅前の歩車分離ですが、安易にペデストリアンデッキの設置を行うことには注意が必要です。特に地下駅の場合はペデストリアンデッキとの上下移動があるため利用者が限られます。本来、歩車分離は人がメインで、普段歩く道を美しく快適にすることで、街路全体を豊かにする目的があります。しかし、ペデストリアンデッキの多くは、利便性の向上は認めますが、効率のみの単なる通路や歩道橋の様です。そこには街の魅力がありません。

成都の駅で大多数である地下駅のTODについては、駅と直結した光や風を感じる緑豊かな下沉广場と、開放性が高い地下のショッピングモールによって歩車分離した開発が現在進行しています。それは正に成都の都市計画コンセプトの一つである公園都市と、安心・安全で快適な歩行環境を具現化したTODとの融合であるといえます。更に、本文にあるTOD五原則を状況に応じて実践していくことで、成都はTOD先進都市として持続可能な都市開発が可能となり、近い将来その都市環境は格段に向上するでしょう。

渡辺荘太郎

渡辺荘太郎
WATANABE SOTARO

世界知名规划大师／建筑家

TOD规划设计领域顶级专家

成都市政府特邀国际专家

成都轨道交通集团有限公司TOD总顾问、总建筑师渡辺莊太郎毕业于被誉为"建筑家摇篮"的伊利诺伊工科大学密斯·凡德罗研究室，会通东西，受密斯接班人SOM总设计师迈伦·戈德史密斯与天才结构大师法兹勒·R·汗等国际著名大师的亲传，融贯了规划、结构、建筑设计、交通等多领域的先端知识。

40年的工作生涯伊始，在全美前五的设计事务所Kober/Belluschi Associates担任独立设计师，在美国建筑设计界开疆拓土。其后受丹下健三邀请，进入拥有普利兹克建筑奖得主桢文彦、矶崎新等的丹下健三城市·建筑设计事务所，任主任设计师在丹下左右工作十年之久。期间，担纲世界文化遗产"日光东照宫"、著名TOD项目新宿公园大厦与东京柏悦酒店等多个日本地标性建筑的设计。后期工作重心转移至海外城市及轨道交通规划工作，担任日本最大级交通咨询顾问公司株式会社东方咨询建筑部部长，作为总规划师主持了卡塔尔国家总体规划与多哈大都市区规划、越南胡志明市轨道交通规划建设与副中心TOD建设、约旦死海博物馆以及印度尼西亚雅加达、缅甸联邦共和国等多个国家级的规划设计项目，荣获包含美国P/A进步建筑奖、印度尼西亚建筑设计奖、约旦建筑设计奖等多个国家建筑设计重要奖项，取得了世人瞩目的成就。

2018年渡辺莊太郎担任成都轨道交通集团有限公司TOD总顾问、总建筑师。作为成都TOD事业的中坚力量，将TOD开发五原则与"137理论"导入成都TOD规划设计理念中。全方位参与并把关成都TOD项目的规划、设计、商业、运营全生命周期过程。2020年伊始，成都大力推广城市可持续发展，渡辺莊太郎提出了TOD区域管理理论，为成都TOD下一阶段事业发展提供了指南。

目录

1 站在轨道公司的视角解析TOD

1.1 吸引人口提高客流量 ………………………………… 2
1.2 平衡轨道交通利用率 ………………………………… 9
1.3 提高轨道商业资源利用率 …………………………… 14

2 站在地产开发的视角解析TOD

2.1 TOD"137"理论 …………………………………… 22
2.2 合理的人行路径 ……………………………………… 31
2.3 最优的住宅规建 ……………………………………… 48

3 站在政府的视角解析TOD

3.1 增加人口及税收 ……………………………………… 58
3.2 构建复合型公共空间 ………………………………… 75

4 站在乘客的视角解析TOD

4.1 高效便捷的购物体验 ………………………………… 86
4.2 安全舒适的步行环境 ………………………………… 101
4.3 功能复合的公共空间 ………………………………… 109

5 站在城市可持续发展的视角解析TOD

5.1 缓解机动车依赖型交通模式 …………… 122
5.2 无车干扰的高品质居住区 ……………… 133
5.3 魅力的TOD城市空间 …………………… 150

6 TOD区域管理活动

6.1 最大化提升区域综合价值的秘诀………… 160
6.2 TOD区域管理活动 ……………………… 164

参考文献 ……………………………………… 168
作者简介 ……………………………………… 173

1

站在
轨道公司的视角
解析TOD

1.1 吸引人口提高客流量

2020年5月7日,中国城市轨道交通协会发布了《城市轨道交通2019年度统计和分析报告》。报告显示,成都2019年轨道交通全年完成投资规模、在建线路规模、规划里程等均排名中国第一。作为西部城市中客运量最大的成都轨道交通,2019年轨道交通客运量近14亿乘次,如图1.1所示。

2019年全球城市轨道交通系统客运量排名前十的城市如图1.2(b)所示。日本是全球轨道交通系统最发达的国家之一,东京轨道交通系统客运量领先于世界其他城市。2019年中国城市轨道交通客运量排名前十的城市如图1.2(a)所示,北京、上海、广州、深圳、香港这五座城市在客运量排行中居前五位。

城市轨道交通是现代大城市交通的发展方向,国际上已经出现不少TOD案例。成都作为中国的公园城市,精准把握轨道交通引领城市发展格局的历史性机遇,将

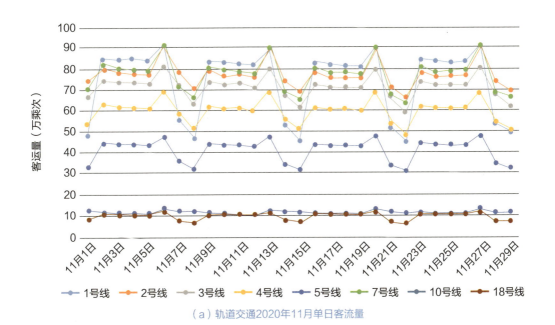

(a)轨道交通2020年11月单日客流量

站在轨道公司的视角解析 TOD

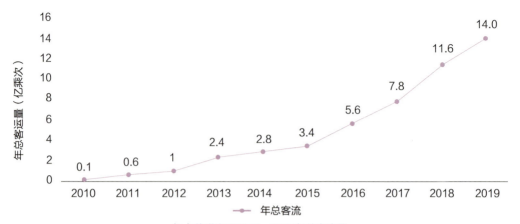

(b) 轨道交通2010~2019年总客流量

图1.1 成都轨道交通客流现状

(a) 2019年中国城市轨道交通系统客运量

(b) 2019年全球城市轨道交通系统客运量

图1.2 城市轨道交通系统客运量排名

TOD综合开发作为建设美丽宜居公园城市的重要抓手。TOD综合开发是轨道交通时代城市发展的一场思想解放运动，是城市开发理念的更新和城市运营方式的重构，人本理念的TOD规划思维必将对传统"车本位"规划方式发起挑战。2020年末，成都轨道交通发展已然走在前列，是中国第一个系统性地把TOD提高到城市发展战略高度的城市。TOD系统完善后，成都将成为轨道交通引领"人城境业"融合发展的国际典范。

2010年9月27日，成都地铁1号线开通运营，成都正式进入"地铁时代"；2020年9月27日，成都轨道交通18号线首开段开通运营，成都轨道交通进入"快线时代"。

成都轨道交通从最初的1条线路、18.13km，发展到现在的12条线路、518km；日均客流量从12万乘次攀升至超过400万乘次，公共交通出行分担率超50%，最高单日客流量达555.258万乘次，安全运送乘客已超60亿乘次。

10年来，每天数百万的乘客出行会选择轨道交通，受到社会经济水平、土地使用布局、资源分布以及人的活动等因素的影响，成都轨道交通客流表现出一定的稳定性和随机性。具体如图1.3所示：

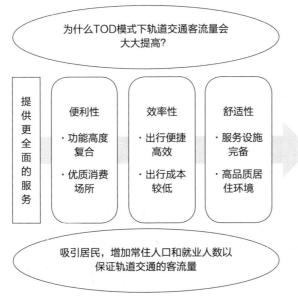

图1.3　TOD模式的优点

(1)稳定性。城市总体出行需求和城市的发展规模、土地使用布局、城市运营管理等很多因素息息相关,具有一定的规律;工作、上学等出行需求,很少受到外界干扰,出行频率比较固定,具有一定的稳定性,说明城市轨道交通具备基础客流量。

(2)随机性。购物、社交、休闲娱乐等类型的出行需求具有一定的随机性,其发生时间和次数不具有规律;天气或者其他意外事件对出行需求的影响也具有随机性。

TOD模式以车站及周边地区的多功能化,提升轨道交通利用者生活的便利性,高度复合的城市功能聚集在交通便利的区域,缩短乘客向附近区域移动的步行距离,轨道交通乘客的各种活动将变得更为便利。车站周边区域存在不同规模与类型的商家,可有效吸引乘客在车站及周边地区进行购物或其他休闲娱乐活动。图1.4为TOD站点商业街示例。

图1.4　TOD站点商业街示例

功能齐全、设施完备的TOD项目提高了乘客的便利性，同时提升了居民生活的舒适性。轨道交通车站内部及附近建设充足的服务设施，使生活变得更加舒适，为轨道交通站点提供聚集人气的休憩空间与交流场所，兼具美观与实用双重价值。TOD项目注重生态建设，营造碧水蓝天、绿树成荫的生活环境，科学构建城市空间形态，提升城市宜居品质。图1.5为TOD站点站前广场示例。

TOD一体化项目从开发建设到系统完善需要经历较长的过程，期间客流量会有较大的变化，如图1.6所示。图1.7分析了TOD模式下轨道交通客流量增加的主要原因及变化趋势。

TOD项目建设初期，轨道交通的引导作用尚未完全体现，此时诱增客流量很小；随着站点周边土地开发逐渐完善，诱增客流量将稳步上升；当TOD项目发展成熟时，诱增客流量也会趋于一个稳定界限值。

图1.5　TOD站点站前广场示例

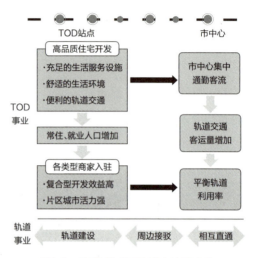

图1.6　TOD模式下轨道客流量变化

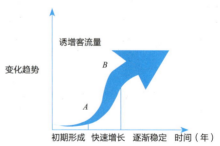

图1.7　TOD模式轨道交通客流分析

TOD模式能够发挥轨道交通本身的优势，为乘客提供更便利、高效、舒适的出行体验，配置充足的生活服务设施，打造舒适的生活环境，吸引轨道站点周边就业，增加常住人口，从而提高轨道交通客流量。

平衡轨道交通利用率 1.2

一品天下站位于成都市金牛区一品天下路口，是成都地铁2号线和成都地铁7号线的换乘站。行政学院站位于成都市龙泉驿区，距市中心约12km，是TOD示范性项目。一品天下站与行政学院站2019年6月5日早高峰时段7：00～11：00客流量如图1.8所示、进出站人数柱状图如图1.9所示。

一品天下站是通勤量较多的换乘站点，如图1.8（a）所示，该站早高峰时段进站与出站人数相对较为平衡，能够代表中心城区站点轨道交通利用率。该类站点偏向综合型，站点周边存在住宅区，也具有一定量的办公区域。

行政学院站目前用地现状多为未建成区，可建设开发空间较大。如图1.8（b）所示，该站早高峰时段进站人数远多于出站人数，存在明显的利用率不平衡现象，原因是现状下站点周边缺乏配套的公共空间。一品天下站与行政学院站类型指标条形图如图1.10所示。

随着城市圈向外扩张，轨道交通站点潮汐交通现象显著，降低了轨道交通的利用率，解决对策如下。

（1）吸引学校及医疗机构等进驻轨道交通车站周边，同时打造周边文化圈及生活服务业。产生与向市中心相反方向的客流，如图1.11所示。

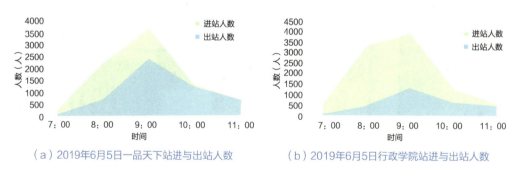

（a）2019年6月5日一品天下站进与出站人数　　（b）2019年6月5日行政学院站进与出站人数

图1.8　成都轨道站点早高峰进出站客流

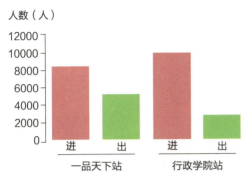

图1.9 一品天下站与行政学院站进出站人数柱状图

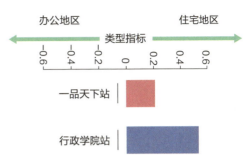

图1.10 一品天下站与行政学院站类型指标条形图

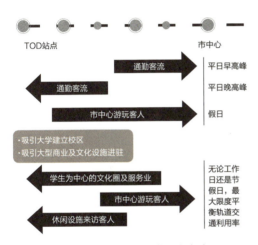

图1.11 创造逆向需求平衡客流

（2）吸引大型商业及文体设施进驻。在轨道交通站点周边设置商业设施、酒店、文化娱乐体育设施等，在节假日吸引休闲出行的客流，如图1.12所示。

随着轨道交通利用率的提高，轨道站点周边地区的开发价值得到提升。同时，轨道公司的运营收益也得到增长。

图1.12 TOD站点周边外摆式商业空间

图1.13 "聚集人气的片区"——东京二子玉川

二子玉川站（图1.13）再开发项目于2000年启动，旨在构筑一个新的商业、住宅与娱乐活动为一体的东京示范性TOD项目。项目通过开发一系列非传统型设施，以及人性化的城市设计吸引人口入住，有效地提升车站周边地区的可达性和周边公共设施的利用率。

2011年综合商业设施运营后，二子玉川站客流量有了较大的增幅，如图1.14所示。

图1.14 二子玉川站日均客流量图

图1.15　二子玉川站周边的公园　　　　　　　　图1.16　二子玉川绿地运动场

　　将站前商业、办公、住宅及公园自然顺畅连接，使其成为周边商务及居民休闲、自然体验的聚集地。二子玉川站通过复合业态开发，为片区居住和就业人口提供了"产城居娱"一体化的理想生活。二子玉川站周边的公园如图1.15所示。

　　归真园是位于二子玉川公园中心的环游式日本庭园。庭园以古迹、清水、住宅、书院为核心，与多摩川自然水岸和国分寺悬崖绿意丘陵形成良好的互动，营造出移步换景的空间感。庭园人性化设计充分考虑残障人士和儿童的出行便利，采用无障碍动线规划，使所有人都能感受到地形的舒适和起伏变化。

　　二子玉川站周边有许多绿地运动场（图1.16），可在此进行棒球、足球或网球等运动。二子玉川公园也成为居民相互交流和游玩的安心之选，是小孩和大人都能找到乐趣的地方。

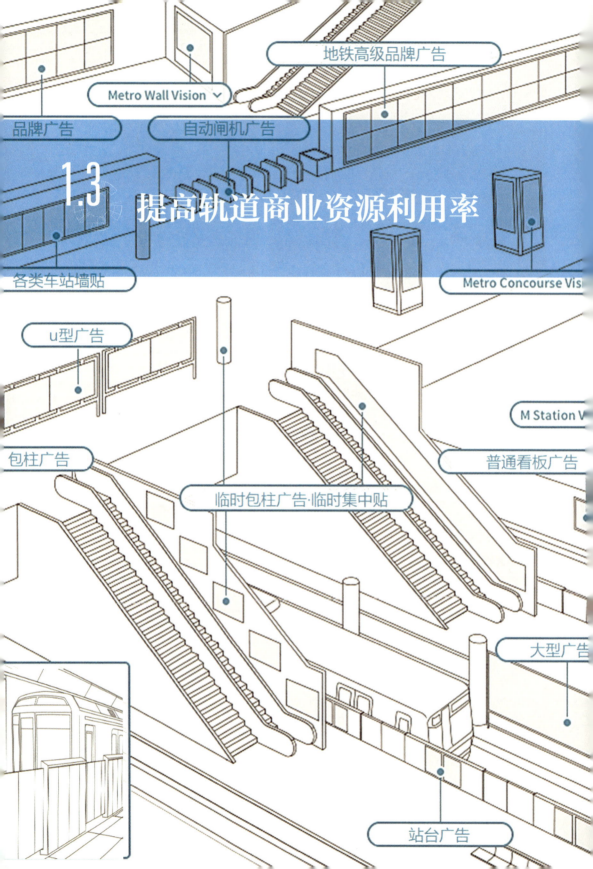

复合型开发便利了居民的购物活动，为进一步焕发站点活力聚集人气，TOD项目中轨道商业设施的设置也需要突破传统方式的桎梏。传统轨道商业设施布局等工作缺乏数据支撑，从而导致出现服务设施与站点使用人群需求不匹配、利用率较低等问题。

TOD项目通过长期采集轨道客流量（轨道站点各出入口客流量、站内通道客流量）、消费者信息（轨道站点利用者年龄、性别）等前策数据，利用大数据技术进行应用分析，对轨道商业设施布局及商业空间分布提供前置策略，从而提高轨道商业资源利用率。

1.3.1 新型轨道商业设施

新型轨道商业设施需要实现高效集客、独树一帜、精准定位、耳目一新、意犹未尽五大目标，如图1.17所示。

（1）TOD项目中新型商业设施布置需要轨道交通商业前策数据作理论支撑。基于轨道站点商业开通前后各出入口客流数据，利用统计分析方法先对乘客按出行目的进行分类，然后设置夜间经济指标等多项指标对轨道商业现状进行分析。

夜间经济指标能把握车站及出入口周边夜间餐饮店利用状况。指标的计算原理是夜间时间段进站乘坐轨道人数与整个回家时间段进站乘坐轨道人数的比值。夜间经济指标越大，周边餐饮利用状况越好；夜间经济指标越小，周边餐饮利用状况越差。图1.18为成都1号线某夜间经济指标柱状图。

图1.17 五大目标

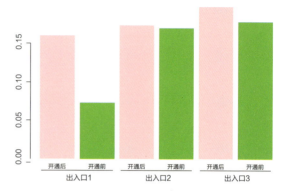

图1.18 成都1号线某夜间经济指标柱状图

夜间经济,是城市活力的重要指标;打造更具吸引力的城市夜经济,已成为城市的一种"软实力"。根据夜间经济指标可以把握车站及出入口周边商业地区利用状况。

基于轨道站点站内通道客流量数据,掌握人流动向,精准布置商业设施(图1.19)。

掌握站点商业开发现状、站内通道人流分布以及店铺的拥挤情况(图1.20)不仅可以支撑轨道商业策划活动的开展,还可以为乘客购物提供建议,增强乘客的购物体验,吸引乘客采用轨道方式出行。

(2)提升新型商业设施利用率还需要发挥其线下购物中体验性优势,打造富有魅力的人性化空间设计。图1.21为VR+体育新型商业设施。

通过人脸、手势识别技术以及生物支付技术对商业设施进行智能化、自动化处理,不仅带来新颖的科技感,还能省去销售中的许多麻烦。

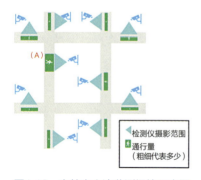

图1.19 车站内人流监测把控示意图

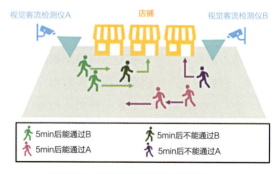

图1.20 店铺的拥挤情况示意图

图1.21　VR+体育：新型商业设施　　　　图1.22　"沉浸式"商业

通过"沉浸式"技术让商业设施与顾客产生情感共鸣，让顾客身临其境、乐在其中、流连忘返。图1.22为"沉浸式"商业示例。

1.3.2 广告传媒设施

轨道站点站内广告传媒在轨道交通运营收入中扮演着举足轻重的角色。令人赏心悦目的广告内容和形式能够美化环境，很好地点缀站台、车厢。同时站内环境是一个相对封闭的空间，乘客对广告的注意力会大幅上升，因此精准投放的广告其收益率将会大大提升。

广告的精准投放同样需要轨道交通商业前策数据作理论支撑，可以根据乘客的个人基本属性提出商业广告精准投放策略（图1.23）。

轨道交通作为一个现代交通类广告载体，兼有普通户外交通媒体与室内POP、灯箱媒体的传播特性，其优势是非常明显的。站内广告样式繁多，不仅为乘客出行增添乐趣，也为轨道商业资源创造更多价值，如图1.24所示。

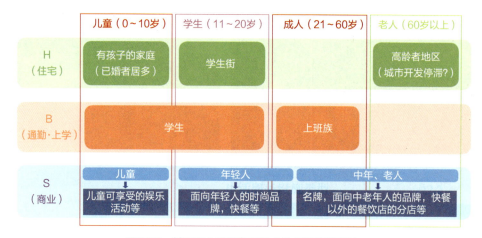

图1.23 基于商业前策数据的广告投放策略研究

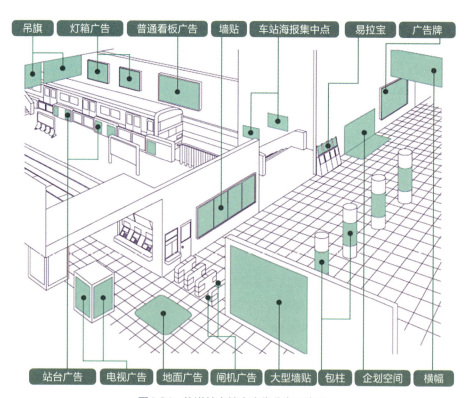

图1.24 轨道站点站内广告分布示意图

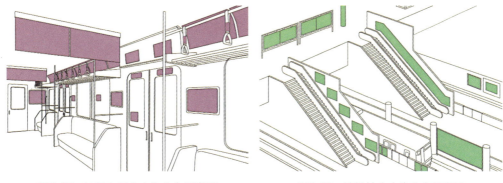

图1.25 地铁车厢内广告分布示意图　　图1.26 地铁站内广告分布示意图

东京地铁广告媒体最有魅力的地方是利用地铁车厢内（图1.25）、站内（图1.26）、通道多个位置的广告资源，针对不同地铁出行人群的消费特征匹配广告信息。

东京地铁站点广告投放会以商业前策数据分析作理论支撑，设置广告集中展示点。二子玉川站（图1.27）就是数据与实施相结合的成功案例。

广告注目率与广告到达率是评估广告传播效果时考查的主要指标。广告注目率是衡量到站客流人群对所传播的广告信息形成认知记忆的比例。广告到达率是衡量到站客流人群会接触到所传播广告信息的比例。

图1.27 地铁站内广告集中展示案例

2

站在
地产开发的视角
解析TOD

2.1 TOD "137" 理论

2.1.1
成都TOD"137"模式

在站城一体理念下,成都轨道交通更加注重土地综合开发与城市规划的统筹协调。为最大化提升站点周边土地价值和使用效率,改变城市现有形态,TOD项目采用圈层化开发思路,以居民最舒适的出行距离700m为规划范围,对范围内"137"圈层分别实行极高密度、高密度及低密度开发。

"137"圈层指轨道站点周边100m商业圈层、300m办公与公服圈层、700m居住圈层。图2.1为"137"与业态布局关系图。

以地产开发者角度,分析轨道交通站点周边土地价格与地块与站点距离的关系,确定轨道交通对土地的有效影响范围,构建轨道交通站点周边土地的密度分区制度。研究结果如图2.2所示,楼面地价随轨道交通站点变化线性回归曲线显示,随着与地铁站距

商业

办公

住宅

图2.1 "137"与业态布局关系图

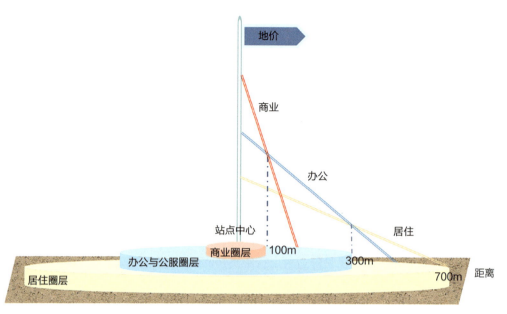

图2.2 用地价格与地块距轨道站点距离关系示意图

离的增大,商业地价下降明显;住宅地价则相对较为平稳;写字楼地价变化位于两者之间。

故轨道交通站点周边区域内,随着地块与站点距离的增加,最大开发价值的用地类型发生变化,进而规划的不同圈层,应根据项目实际情况进行开发,即TOD"137"理论。

(1)为使轨道使用者最大限度地利用站点商业设施,将车站大楼或与车站直连的商业设施控制在100m范围内进行开发。

(2)办公大楼、酒店以及中大型医疗机构等公共服务设施控制在徒步300m范围内。

(3)住宅需避开喧嚣的站前,但也应控制在700m可徒步范围内,根据规划情况配建公共绿地等附属配套设施。

2.1.2
TOD开发圈层理论实例

1. 东京二子玉川站

二子玉川站是东京田园都市线沿线的主要车站之一，其基于"城市到自然"的开发理念，是日本郊外型商业的典范。车站周边物业功能丰富，包括商业、酒店、写字楼、住宅，同时还规划有二子玉川公园、生态走廊以及运动场。二子玉川站基本信息见图2.3，周边圈层城市形态见图2.4。

所在区域	日本·东京·世田谷区 世田谷区与多摩区之间
区域人口	100万（5km范围）
占地面积	112000m²
建筑面积	339431m²
功能定位	车辆段上盖项目，城市近郊复合开发典范
四大核心功能	办公、商业、居住、公园
重点项目	二子玉川RISE 购物中心、玉川高岛店、Dogwood Plaza
区域简介	日本东京中产阶级最喜欢的安居地之一

图2.3 二子玉川站基本信息

商业圈层

办公与公服圈层

居住圈层

图2.4 二子玉川站周边圈层城市形态

站在地产开发的视角解析 TOD

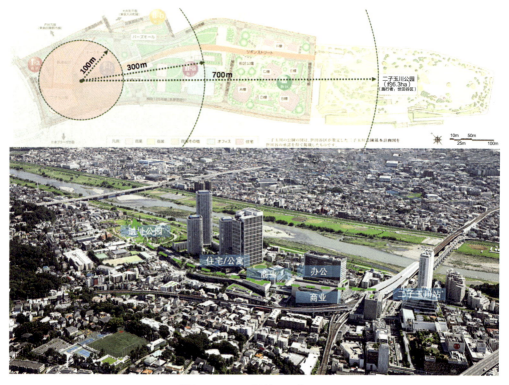

图2.5 二子玉川站圈层布局图

项目位于东京西南边缘的多摩河沿岸，由40万m²的零售、娱乐、居住区和一个新的城市公园组成。项目一期工程包括两个百货商店、一个零售画廊、一间写字楼、三个高层住宅楼（28～40层的高楼）以及两栋低层住宅楼（总共可提供1000套住房）。2018年完成最后一期工程建设，总面积为140000m²，包括零售商店、电影院、酒店以及休闲娱乐场所。二子玉川站圈层布局图见图2.5。

二子玉川RISE购物中心与二子玉川车站直接连通，位于核心商业圈层内；车站办公与公服圈层内开发商务写字楼与酒店；居住圈层内开发高端住宅并完善配套基础设施。二子玉川站业态布局图见图2.6。

站前交通广场位于核心商业圈外，连接布置在项目周围的机动车道，保证来访的车辆和车站人流互不干扰，实现完全人车分流。二子玉川站前交通广场见图2.7。

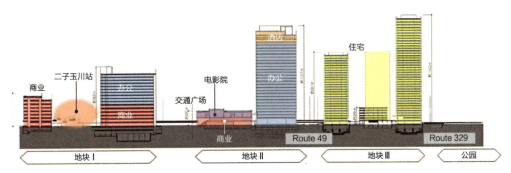

图2.6 二子玉川站业态布局图

图2.7 二子玉川站前交通广场

2. 成都龙潭寺东站

龙潭寺东站南靠龙潭总部经济城，西临北湖公园和大熊猫基地，具备优越的区位条件，是成都14个TOD示范性项目之一。项目整体定位为"文旅成华荟萃城，公园城市乐活区"，旨在巩固成华大道文创产业的发展建设，并同时考虑居民的居住休闲需求，提升周边住宅价值和公园城市的特色，如图2.8和图2.9所示。

龙潭寺东西两站一体化设计所形成的核心街区融合了办公、商业、酒店、住宅等多元业态。东站周边区域主要有高度复合开发的核心商务区以及东站东西两侧的高品质住宅区，如图2.10所示。

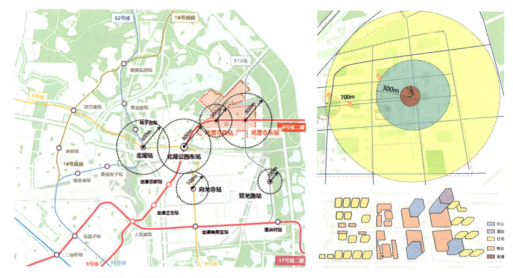

图2.8　龙潭寺东站区位图　　　　　图2.10　龙潭寺东站业态及圈层布局图

图2.9　龙潭寺东站核心区下沉广场

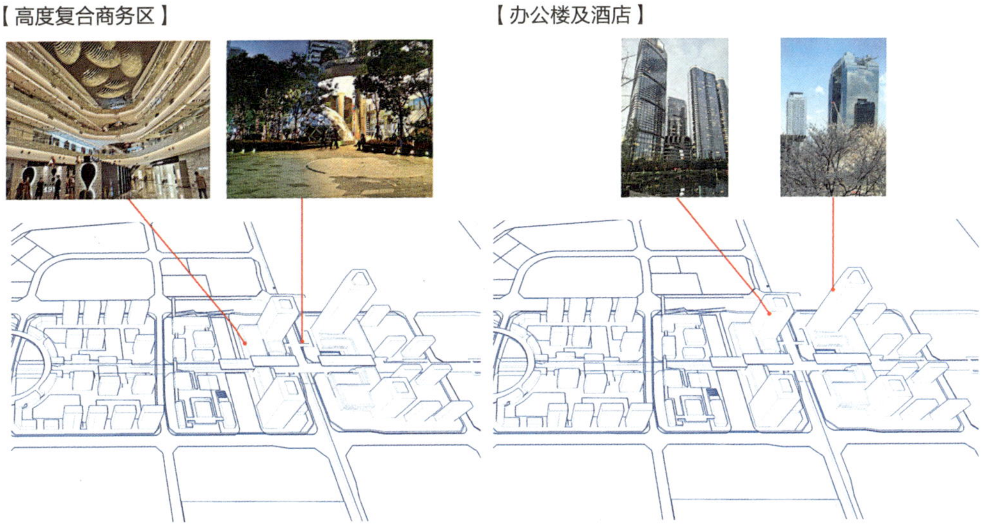

【高度复合商务区】　　　　　　　　【办公楼及酒店】

图2.11　龙潭寺东站商务区

龙潭寺东站核心商业区（图2.11）位于距站点100m范围内；商务办公大楼与酒店位于距站点300m范围内；东西两侧高品质住宅位于距站点700m范围内。

核心商务区与龙潭寺东站直接连通，是距离车站最近、大量人群集散、高便捷性的高价值区域。项目通过站内商业设施、高级精品店、综合百货店、会所展厅、共享办公室等的设置，创造站前门面，从而打造具有高稳定性的商业区域。

住宅区在龙潭寺东站周边有两处，分别位于站点东西两侧，由贯穿整个核心区东西方向的步行街连接，不仅形成繁华的城市轴线，还打造出一个集居住、商业、娱乐为一体的高品质住宅区。图2.12为龙潭寺东站住宅区。

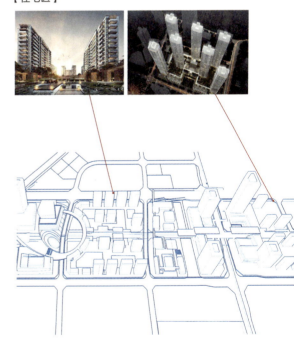

【住宅区】

图2.12　龙潭寺东站住宅区

站在地产开发的视角解析 TOD

图2.13 龙潭寺东站交通广场

站前交通广场（图2.13）位于核心商业圈外，以景观步道的形式连接东西两站中心广场以及东站的核心商务区，并与布置在项目周围的机动车道连通，保证来访的车辆和车站人流互不干扰，实现完全人车分流。

TOD项目是TOD"137"理论的实践载体。2019年，成都TOD全面推进，陆肖站、行政学院站、昌公堰站、双凤桥站、梓潼宫站等TOD示范性项目落地开工。成都结合实际践行深化TOD"137"理论，根据轨道交通线网及站点的布局，采用核心圈层式开发，最大化提升轨道站点周边土地价值。

合理的人行路径 2.2

对于TOD一体化项目，最重要的是统筹区域内的各种空间，高效地组织人流。在TOD项目中，轨道交通站点作为最大的人流产生源，与周围已建成的公共设施、场所之间缺少便捷的步行交通联系，既有步行系统被城市机动车道打断导致集散和换乘过程中人车矛盾显著，给行人安全和交通效率带来消极影响；同时，高度复合的站点空间处于不同的标高层。合理安排其中的人流动线，使人们在站点间换乘时间最短，同时利用站点带来的人流集聚给项目的开发空间带来人气，成为步行流线设计的核心问题。

2.2.1
TOD模式的步行活动与流线分类

1. TOD模式的步行活动分类

TOD站域不仅是步行活动强度最高的区域之一，其步行活动的类型也较为丰富。TOD站域的步行活动通常分为三种类型，如表2.1所示。

TOD站域步行活动分类　　　　　　　　表2.1

类型	含义
公共交通点相关联的集散与换乘行为	来自周围城市与建筑空间的客流向公交站点聚集，以及反向疏散的过程，即集散行为。客流由于需要在不同的交通方式之间转换而发生的接驳步行移动，即换乘行为。相比一般的轨道站点和公交站点，TOD项目中的集散与换乘行为在时间和空间上都更加集中与复杂

续表

类型	含义
非公交类设施或场所之间的自由移动行为	步行者一般具有较为明确的目的地，既有可能是必要性的交通行为，也有可能是自发性的休闲行为。这一类活动发生在除公共交通站点之外的其他各类设施和场所之间
特定空间的自发性和社会公共活动	特定空间的自发性和社会公共活动是指驻足停留、观望、休憩、交谈、游戏等"停留性活动"。公共交通站点聚集大量具有不同身份和需求的步行人流，城市空间可达性和开放度高，公共服务设施相对完善，城市形象具有标志性和多元性。人流产生源和高品质特色空间是吸引这类活动发生的主要场所

2. TOD模式的步行流线分类及意义

TOD项目激发区域活力的关键在于，将人流高效地由车站引至周边地块。TOD站域步行流线按照功能分为两大类：

（1）交通功能的流线：人流集散与换乘接驳（图2.14）。轨道交通站点间的换乘流线与公交车、出租车等交通设施的换乘流线经常相互阻碍，从而影响换乘流线的畅通。通过合理的步行流线设计，乘客的换乘动线更加紧凑，提升车站的换乘效率与乘客的出行效率。同时，还能减少换乘本身所需要的公共空间。

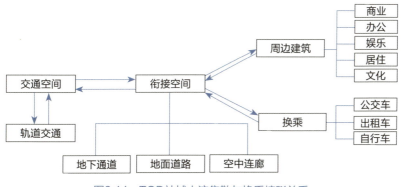

图2.14　TOD站域人流集散与换乘接驳关系

（2）TOD功能的流线：城市空间一体化整合。通过合理的步行流线，车站和城市紧密联系在一起，将人流引导至项目区域；并在其周边配置商业设施，穿插绿地、广场或公园等公共空间，来激发城市的活力。

2.2.2
TOD站域步行流线构建策略

（1）交通功能流线：当两个地下站间距为300~800m时，局部通过地下通道的形式组织换乘，较为合理；但当两个站为高架站时，局部采用二层连廊的形式更为合理；当站点为地下站与高架站时，可以考虑局部通过地下通道的形式组织换乘。如图2.15所示。

（2）城市功能流线：在周围地块具有强吸引力（会展中心、体育场所等）的情况下，地下车站通过局部地下商业街的形式连接周围地块，较为合理；高架站通过局部二层连廊的形式连接周围地块，较为合理。在周围地块吸引力不强的情况下，对于地下站和高架站，地下街的利用率会很低，高架站可考虑通过局部二层连廊的形式连接地块。如图2.16所示。图2.17为TOD站域站点与地块连接错误的步行流线设置。

1. 大阪梅田枢纽TOD步行系统构建

大阪梅田枢纽（图2.18）位于日本大阪市北部的梅田商务区，由JR大阪站、阪急梅田站、阪神梅田站和市营地铁（东、西）梅田站等七个不同规模和类型的轨道交通车站组成，日均乘降量超过250万人次，是日本关西地区最大的轨道交通枢纽。大阪梅田枢纽步行系统由地下步行网络、地面步道和空中连廊组成。

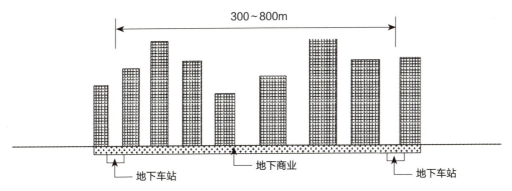

（a）地下站换乘的合理布置形式

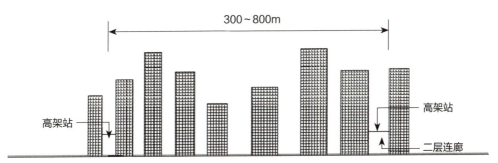

（b）高架站换乘的合理布置形式

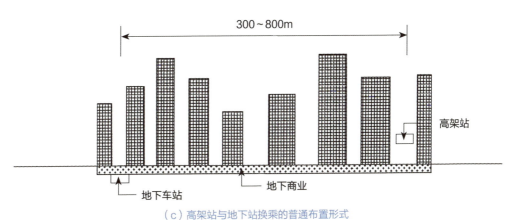

（c）高架站与地下站换乘的普通布置形式

图2.15　TOD站域站点换乘的步行流线设置

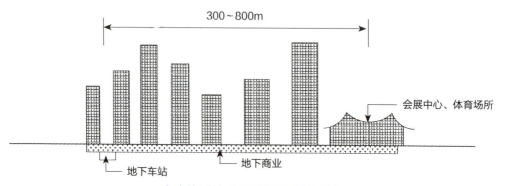

（a）地下站与地块连接的普通布置形式

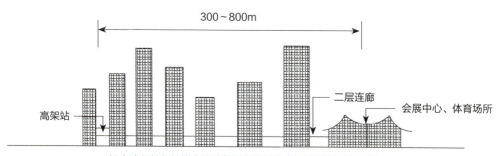

（b）高架站与地块连接的普通布置形式（周围地块吸引力强）

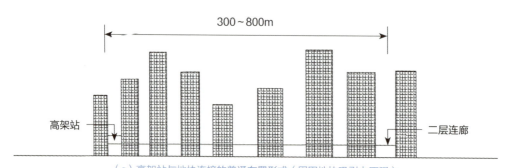

（c）高架站与地块连接的普通布置形式（周围地块吸引力不强）

图2.16 TOD站域站点与地块连接的步行流线设置

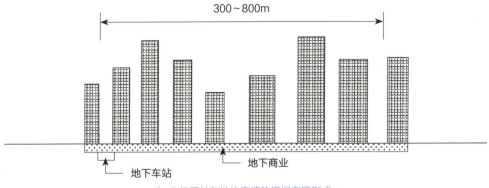

（a）地下站与地块连接的错误布置形式

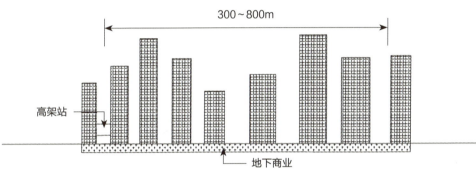

（b）高架站与地块连接的错误布置形式

图2.17　TOD站域站点与地块连接错误的步行流线设置

图2.18　大阪梅田枢纽

站在地产开发的视角解析 TOD

(1) 大阪梅田枢纽地下步行网络

从20世纪60年代开始，大阪梅田枢纽经过"点—线—网"的漫长发展过程，形成了大规模地下步行系统。该系统将JR大阪站、阪急梅田站、阪神梅田站、地铁御堂筋线梅田站、地铁谷町线东梅田站、地铁四桥线西梅田站和JR东西线北新地站等七个轨道交通站点相互连通，形成连续的步行者网络，并与阪急百货、阪神百货、希尔顿广场、Grand Front Osaka综合体、友都八喜梅田店等大型商业设施的地下空间进行了一体化整合和无缝衔接，如图2.19所示。

城市居民可以从地面上的公园、广场与城市景观被引导进入地下街与地铁空间。地下街的商业、活动、人流都与地面及地铁空间进行不同程度的相互渗透。

大阪梅田枢纽位于高密度的城市中心商业区，开放空间相对紧缺，地面步行系统主要由街道两侧或轨道交通设施首层的线性空间和大型公共建筑入口前的节点空间构成，如图2.20所示。这一贯穿建筑室内外的"点—线"体系是轨道交通客流集散和换乘的重要载体，通过它可以方便地与梅田区巡回巴士、酒店迎送巴士、高速巴士、机场大巴等地面公交系统进行换乘，从而实现轨道交通与周围设施，甚至整个城市的高效接驳。通过"步行＋公交"的方式有效拓展了轨道交通的区域影响力。

图2.19 大阪梅田枢纽地下步行网络

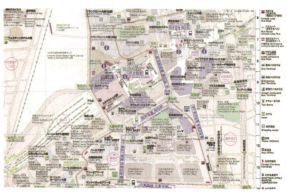

图2.20 大阪梅田枢纽地面步行网络

图2.21 大阪梅田枢纽的空中连廊

（2）大阪梅田枢纽空中连廊

大阪梅田枢纽高层建筑密集，并复合了轨道交通、机动交通和大量人流形成的步行交通，为保证步行流线的连续性和环游性，以及提供更多的公共活动场所，除了地下和地面步行系统，区域内还设有多层次的空中步行路径和公共活动平台，形成立体叠合的三维步行空间网络，如图2.21所示。

空中公共活动平台主要分布于梅田枢纽的核心大阪站城综合体的内部及周边，它们通过连续的步行路径相互串接，形成公共空间节点体系。

大阪车站城在不同的高度设置数量众多的广场、庭院（图2.22）。通过空间营造、绿植陈设塑造不同风格的人—时间—空间的关系，构建全天候、多元化生活场景，真正实现站与城的融合。

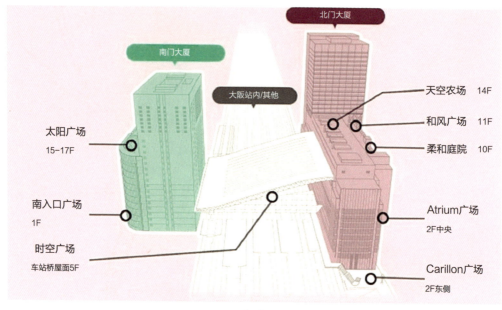

(a)

太阳广场
西班牙风格的中庭，为顾客提供休憩、观景的平台。

和风广场
以宽敞的绿色空间创造舒适、安逸的感觉，适合家庭休闲。

天空农场
让顾客在15楼的"空中"体验播种、栽培、收割，在城市中亲近自然。

柔和庭院
通过景观设计传达日本传统的美。

Atrium广场
营造有开放感的空间，在广场正面配置"光钟表"，创造人、时间、空间的互动。

Carillon广场
位于北门大厦二楼和东侧的开放空间，大型时钟纪念碑"钟琴钟"是车站标志。

(b)

图2.22 大阪站的广场庭院

2. 成都TOD步行系统构建

人性化的步行设计是TOD项目规划设计的重要环节，一定程度上步行节点、步行流线的设计布局关系到整个TOD项目的开发效益。

随着社会的发展,早期受土地条件限制的双向TOD规划布局并不适用于成都的新建TOD项目。创新的"四通八达"的成都TOD圈层布局,能够提升项目可达性和集客力,是TOD项目规划设计的优选。在步行交通组织中提倡创新,为市民提供高品质的交流、生活、工作和娱乐场所是成都TOD发展的重要理念。在此背景下,林家坝站、万安站、洪河—惠王陵站等一系列TOD项目实践,尤其是步行系统的规划设计,给成都TOD发展带来新思路。

(1)林家坝站TOD步行系统构建实践

林家坝站位于成都市西南,三环路外,属于锦江区,潘家沟片区,距离成都站约14km,成都南站约5km,成都东站约7km,是9号线和20号线的换乘站点。北面为锦江大道、南三环,南面为蓉遵高速、绕城高速,东面为锦阳大道,西面为锦华路、天府大道。用地面积约为1644.55亩,规划功能包括办公、酒店、住宅、商业和公共配套等。如图2.23~图2.25所示。

图2.23 林家坝站总平面图

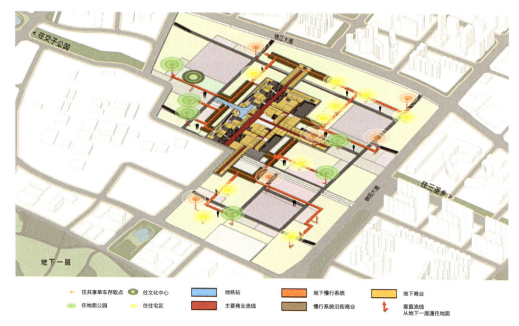

图2.24 林家坝站地下空间

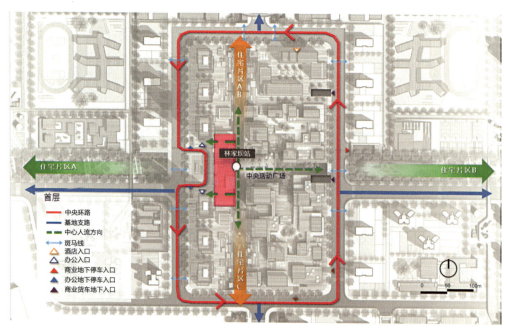

图2.25 林家坝站核心区交通组织

林家坝站方案通过分割地块、分离通过性交通，在项目中心形成200m×300m范围的商业核心区域，中心区域单向环形的道路设计确保了交通量大的道路分布在区域外，同时较大规模的单向环形道路能够避免单向道路形成拥堵。

居民通过便捷的地下慢行系统到达中心区域，通过垂直流线实现与地面功能的补充；地下通道引入自然光，配以合适的商业体量，营造了舒适的地下步行环境。

（2）万安站TOD步行系统构建实践

万安站位于成都市高新区，距离金融城/秦皇寺CBD（Central Business District，中央商务区）约30min；万安站为在建地铁6号线普通车站，其北临蒲草塘站，南临麓山大道站。交通区位上北临华阳大道，南抵麓山大道，东临成自泸高速，西至梓州大道，中柏大道贯穿其中。

万安站项目内的每个小区通过"对角线式慢行交通"的组织方式进行串联。从宏观的角度，两条轴线连接起两大公园，串接站点，联动万安；通过穿越地块的最短斜向路径，勾勒起城市空间的骨架。从微观上，有效缩短了居民的通勤距离，提升了步行的可达性。站点300m内的所有商业，都布置在人行主动线上；积极营造生活空间，突出步行空间的方向引导性。如图2.26和图2.27所示。

（3）洪河—惠王陵站TOD步行系统构建实践

洪河—惠王陵站位于成都市龙泉驿区与锦江区交界处，驿都大道东三环路—洪河北路段是进出成都去往龙泉的重要门户节点。片区以居住、商业用地为主，混杂部分工业及市政公用设施用地，沿驿都大道两侧位于形态分区核心区。洪河—惠王陵站慢行系统流线如图2.28所示。

图2.26 万安站城市空间骨架

图2.27 万安站步行路线图

TOD 开发五原则

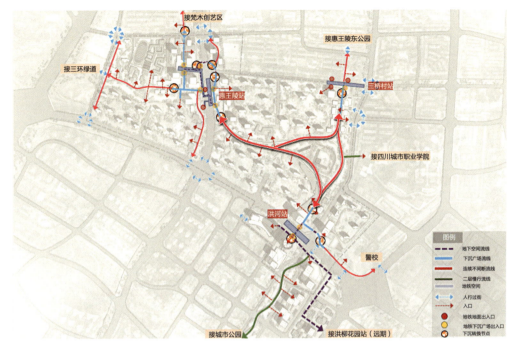

图2.28 洪河—惠王陵站慢行系统流线

洪河—惠王陵站区域慢行系统规划如图2.29所示，形成点—线—面多层次、立体化步行体系。

步行街区：规划将惠王陵站、三桥村站、洪河站200m和500m所围合区域打造成完全人车分离的慢行专用街区。

步行网络：①规划结合站点出入口布局、道路网络布局及行人流线，在轨道站点周边200～500m范围地块设置架空连廊和地下慢行通道，实现完全人车分流的网络体系。②规划沿主要绿带、公园打造步行专用道路；沿各级道路打造构建步行主通道—集散道—休闲道网络。③规划在各级公园和慢行街区打造活力、安全、惬意的慢行活动节点。

洪河—惠王陵站亮点在于充分利用区位优势，通过慢行交通，联系了三个站点，提升轨道站点的可达性，加强了站点人流联系，如图2.30所示。经过社区公园的慢行流线，不仅提高了公园的利用率，还提升了居民的步行体验。

站在地产开发的视角解析 TOD

图2.29 洪河—惠王陵站区域慢行系统规划

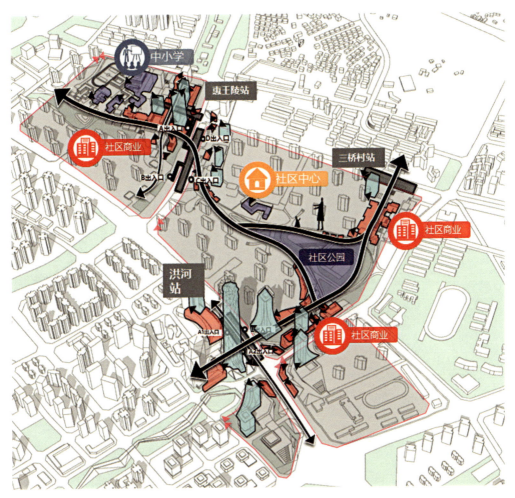

图2.30 慢行流线串联产业业态

2.3 最优的住宅规建

2.3.1
住宅区位选择的影响因素

由于居民自身的社会、经济、文化等特征不同,居民择居的区位因素和行为也会有所不同,主要包括公共交通、生活设施、人居环境等方面。

1. 公共交通可达性

交通的方便与否对居民住宅区位的选择有重大的影响。居住区周围道路数量和公共交通线路数量都会对居民的住宅区位选择产生重大影响,道路、公交线路越多,该地区可达性越高,住宅价值也会越高。通常位于轨道交通附近或者是主要交通干道附近的居住区比较受人们的青睐(图2.31)。

图2.31　轨道站点附近的住宅

2. 生活设施便捷性

生活服务设施是最贴近居民生活的，对居民的日常活动有着很大的影响，生活服务设施主要包括购物、教育、医疗、娱乐（文体）等（表2.2）。在实际生活中，不同的家庭在进行择居时会侧重于不同类型的生活服务设施。

生活服务设施类型　　　　表2.2

服务设施类型	举例
购物设施	小商店、超市、菜市场
教育设施	幼儿园、小学、中学、大学
医疗设施	医院、保健站、诊所
娱乐设施	游乐场、广场、公园、体育馆

3. 人居环境适宜性

人居环境包括居住区的自然环境与人文环境。居民在选择居住区环境的时候，首先会考虑常年风向和主要污染源的位置，然后评价居住环境是否满足最基本的生理要求，如通风状况、日照情况、各种噪声等。同时也会考虑居住区的绿化程度、空气的清洁和污染程度，以及是否接近湖泊和自然河流等有利于自身健康和休闲活动的自然景观。融合自然的住宅环境如图2.32所示。

成都TOD综合开发项目规划设计在区域内提供了良好的自然环境和高品质的商业办公空间，同时引入了诸多优秀的商业伙伴，保证了区域内的人居环境和生活设施的便利性，同时由于轨道TOD的优势，区域内住宅的公共交通可达性也得以保证。

图2.32 融合自然的住宅环境

2.3.2
容积率的确定

1. 确定原则

（1）各密度分区的整体开发强度要满足有限土地供应与市场对各类建筑需求之间的均衡。

（2）保证土地开发强度满足现有和规划基础设施供给的平衡，并确保在环境允许的范围之内。

（3）从总体上来说，轨道交通站点周边的土地容积率随地块与站点距离的增加而逐渐下降。

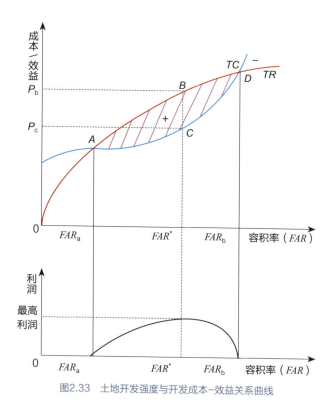

图2.33 土地开发强度与开发成本-效益关系曲线

2. 确定方法

根据土地经济学的区位理论，城市密度分布应确保土地价值的充分实现和公共设施的有效利用。土地开发利润并非随着开发强度的提高一味增大。

图2.33为土地开发的成本-效益曲线，TC、TR分别为土地开发总成本和总收益（收入）。由图可知，容积率存在三个关键点：①当$FAR=0$时，无收益，所对应的成本为固定成本，主要是土地出让费；②成本和效益曲线相交的A点和D点，成本与效益相等，利润为零，以此容积率进行开发刚好收回开发成本；③最佳经济容积率为FAR^*，土地开发利润最大，政府和开发商由此获利也最大。

可见，（FAR_a，FAR_b）为土地开发获利的容积率区间，FAR^*为理想状态下最大利润容积率。在（FAR_a，FAR^*）内，土地开发利润随开发强度的增大而增大；在（FAR^*，FAR_b）内，土地开发利润随开发强度的增大而减小。

2.3.3
TOD模式住宅容积率算例

以中国某城市为例介绍TOD综合开发容积率的确定方法。该城市地铁3号线线路总长42km,共有31个站点。该线已于2010年建成通车。

1. 数据采集

为了得出房屋售价、建造成本随楼层总数的变化关系,选取地铁3号线沿线区域2015年销售的商品房作为研究对象,数据采集范围为该片区所有站点的核心区域,并基于城市房地产市场特点,以高层为主。

2. 高层住宅开发收益测算

考虑到影响商品房价格的主要因素为区位,为消除区位的影响,在统计分析时以楼层总数作为分类指标,并保证足够多的样本。共得有效样本数据6121个,并将样本价格按照房价指数修正至2015年第4季度可比价格。以单位地面售价为因变量,楼层总数为自变量,进行回归分析,得

$$P(n)=-2.5427n^3+112.12n^2+4230.4n-10826 \quad (2.1)$$

3. 高层住宅建造成本测算

住宅建造成本包括建筑成本、环境配套费用、专业费用、不可预见费用、建筑工程费用利息五部分。根据调查数据,单位建筑面积建筑工程总费用为2043元/m²。高层住宅建造成本利息按建造期18个月、销售期6个月估算,并假定按建造成本均匀投入计息,利率取6.67%,建造成本利息指数:

$$KC=(1+6.67\%)^{1.5/2+0.5}=1.0841 \quad (2.2)$$

则单位住宅建筑面积的平均建造成本为2215元/m²，单位土地建造成本为：

$$C(n)=2215n，20<n<50 \quad (2.3)$$

4. 楼层数的测算

联合式（2.1）、式（2.3），得：

$$R(n)=-2.5427n^3+112.12n^2+2015.4n-10826，20<n<50 \quad (2.4)$$

对式（2.4）进行求极值运算，求出其利润最大点对应的楼层数 n^*=36.61，取为37层。即在轨道交通站点的核心区域，当住宅建筑总层数平均为37层时，政府所得利润最大。地产开发成本、收益、利润拟合曲线如图2.34所示。

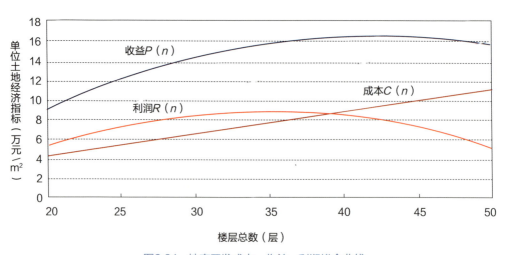

图2.34　地产开发成本、收益、利润拟合曲线

5. 容积率的换算

根据《城市居住区规划设计标准》GB 50180—2018有关居住用地开发强度的规定，高层居住小区和组团的建筑密度≤22%。假定建筑密度取上限值22%，轨道交通站点核心区域的整体经济最佳容积率$FAR^* \leq 37 \times 22\%$（即$FAR^* \leq 8.14$）。

通过实例分析证明，基于TOD模式的土地开发可以有效提升土地利用率，获得最优住宅开发效益。

3

站在
政府的视角解析
TOD

3.1 增加人口及税收

3.1.1
TOD城市宜居特征

2018年和2019年《经济学人》"世界最宜居城市"评选中，亚洲城市只有日本的大阪和东京连续两年进入榜单前十。这两座城市都拥有非常发达的轨道交通系统，并且构建了一整套完备的体系，将工作、生活、出行紧密地联系在一起，为人们的衣食住行提供便利，这也为其成为世界宜居城市打下了坚实的基础。其地铁建设现状如表3.1所示，东京与大阪的站点密度居世界前列。

地铁建设现状表　　　　表3.1

序号	城市	平均站点密度（个/km²）	医疗机构（个）	教育机构（个）
1	大阪	1.07	8370	1856
2	东京	0.97	12578	2713

大阪和东京作为高容高密的TOD城市，拥有便利的轨道交通（图3.2）、高密的街道路网、宜人的街区尺度（图3.4）、发达的商业环境（图3.1）、参与共享性强的自然环境（图3.3）。同时教育机构的高普及率（图3.5）、医疗设施的高占比（图3.6）、科学的城市规划方案以及高质量精细化城市基础设施的投入，也是其跻身世界最宜居城市前十名的重要原因。

图3.1 繁荣的商业

图3.2 安全准时整洁的轨道交通

图3.3 环境宜人的开敞空间

图3.4 适宜的街道尺度

图3.5 高普及率的教育

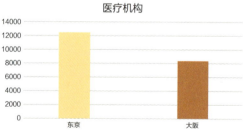

图3.6 高占比的医疗机构

3.1.2
TOD区域人口变化分析

1. 多摩田园都市线人口增长案例

多摩田园都市位于东京市西南部，1953年由东急电铁公司规划开发，是东京开发最早最成功的新城。2006年其居住人口已达到了57.7万人，开发面积为50km²，人口密度约为11500人/km²。其在新开发范围内的各车站日均乘降总人数已超过100万人，相当于居住人口的1.7倍。田园都市线已成为东京最繁忙、运营效益最好的郊区轨道交通线路之一。另外，新开发区域还连接了JR东横滨线和横滨市营地铁线，方便了新城与东京西北部及横滨的联系。

东急田园都市线的开通，还使沿线住宅土地价格增长，住宅地价增长与轨道线路走向联系非常紧密。在站点密集区域，住宅地价增长超过20%，沿线区域也都保持10%以上的增长趋势。

除地价存在显著差异外，东急线沿线人口增长趋势也与其他区域迥然不同（图3.7）。

根据东急公司交通运输研究所数据可以看出，日本全国人口呈明显下降趋势时，东急线沿线人口数量可以保持平稳状态，说明轨道交通对沿线区域人口增长有显著影响。

图3.8为东急线沿线人口预测图。实线为基于日本2015年人口调查数据东急线沿线人口预测，蓝色虚线为基于2010年人口调查数据进行的人口预测。从图上可以看出2010至2015年间，东急线沿线人口持续增长，且增长水平高于预测，主要是由于田园都市线产生新的吸引因素，如二子玉川站、多摩广场站等沿线车站二次开发，因此在2015年的统计数据基础上，东急电铁预测人口数量峰值将会延迟出现，并且峰值增高。

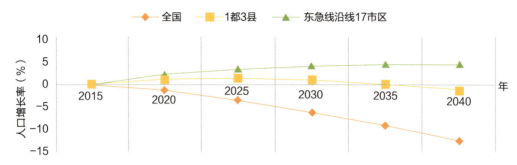

图3.7 东急线沿线与全国人口变化趋势图

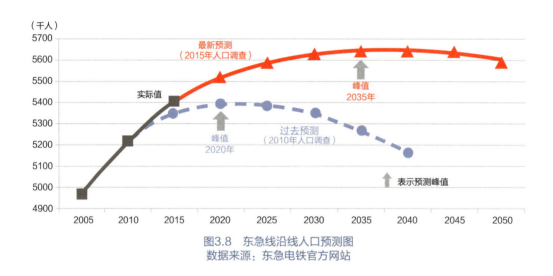

图3.8 东急线沿线人口预测图
数据来源：东急电铁官方网站

2. 香港TOD发展促进人口增长

我国香港的轨道交通由香港铁路有限公司（港铁）运营，运营里程已达230.9km。香港通过轨道交通引导新城开发，践行TOD理念，释放沿线地区的发展潜力，不仅优化了城市的空间结构，而且保障新城镇人口增长，提升轨道交通客流量。以1991～2001年这十年香港和各新市镇的人口变化为例，其人口增幅及人口质量见表3.2。

1991~2001年香港与各新市镇人口变化对比　　　　　表3.2

人口增幅	港岛：+2.4% 全香港：+18.2% 香港新市镇：+42.3%
人均收入水平	香港新市镇＞全香港平均

新市镇是最主要承担新增人口及人口转移的区域。说明新市镇是有质量的人口导入。

香港轨道交通发展充分考虑人口、面积、地形、产业等因素，逐渐形成与城市空间结构紧密契合的网络形态。根据港铁规划，至2031年香港轨道交通网络预计服务全港75%的人口和85%的就业岗位。

香港通过轨道交通优化城市用地布局，对轨道交通进行整体布局规划、建设运营，将TOD理念落地，成功地激活新市镇活力，提高其人口数量和质量，为其他城市提供了宝贵的经验。

3.1.3
成都TOD区域人口数量分析

成都地铁2号线于2012年9月开通一期线路（茶店子客运站至成都行政学院站），2013年6月28日开通运营二期西延线工程（茶店子客运站至犀浦站），2014年10月26日开通运营二期东延线工程（成都行政学院站至龙泉驿站）。成都2号线全线长42.3km，途经6个区，包括郫都区和龙泉驿区，如图3.9所示。

郫都区与龙泉驿区人口变化如图3.10所示。

图3.9 成都地铁2号线线路图

图3.10 郫都区与龙泉驿区人口增长率图

TOD开发五原则

图3.11 三区人口密度对比图

从图3.10可以明显看出，在2012年2号线开通后，龙泉驿区和郫都区的人口增长率明显提高。

将青白江区、郫都区和龙泉驿区的人口密度做一对比可以看出，2012年后，郫都区和龙泉驿区人口均超过青白江区，且增速也高于青白江区，如图3.11所示。

对郫都区和龙泉驿区人口数量进行预测，可以发现未来10年中，两个地区的人口均将保持较高的增长态势。随着成都TOD事业进一步发展，城市格局将发生改变，人口分布、岗位分布等也将发生变化，城市活力将进一步提升。

3.1.4
TOD模式税收效益分析

众所周知，TOD模式的城市开发，在项目前期的轨道交通建设即需投入大量的资金，其后即面临着拿地和运营的经济压力。TOD项目具有开发周期长、前期投入高、空间设计难度大以及业态规划复杂等特性，对开发商的开发经验和资金实力提出了较高的要求。

高投资的背后是高收益回报。对于开发公司而言，通过挖掘轨道交通物业的商业价值，实现区域物业的价值增长、提升项目溢价能力。对政府而言，TOD模式下，住宅、写字楼、商业、酒店等多业态并存，合理配比，将逐步形成TOD模式特有的产业聚集效应，从而进一步加速区域产业发展，进而增加政府税收收入，构建城市发展的良性循环。

21世纪初，日本横滨市陆续开展了"城市再开发事业"，围绕站点周边进行城市开发建设。旨在通过推进城市商业设施建设，打造街道氛围，提高居民生活便利性，激发经济活力；整备城市基础设施，完善区域的防灾抗灾功能。如图3.12和图3.13所示。

图3.12 横滨市城市再开发事业项目位置

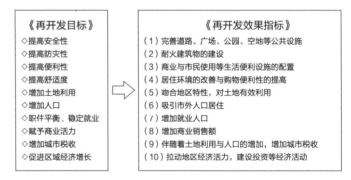

图3.13 横滨市城市再开发事业目标及指标

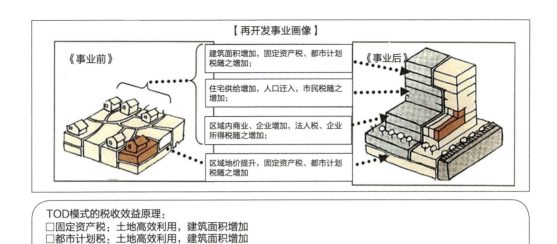

图3.14 TOD模式税收效益原理分析

评价TOD项目开发的经济效益可以用"投入产出比"这一指标,对政府而言,税收是项目产出最直接的量化。日本的城市再更新项目通常涉及"固定资产税、都市计划税、市民税、法人税、企业所得税"五类税收。以横滨市为例,论述开展TOD模式的税收效益,如图3.14所示。

TOD项目中,住宅、写字楼、商业、酒店等多业态高强度开发,极大地提升土地利用率;大量的常住人口迁入,就业人口比例提升,各项税收随之增加。

横滨政府通过对城市再开发事业实施前后的税收效益进行对比,发现所有的站点开发项目均带来了税收的增加,甚至新横滨北部预期一年即能收回政府的财政支出(表3.3)。

横滨市城市再开发事业税收效益统计　　　　　表3.3

	事业地区	实施者	区域 （ha）	完成 年份	市税增收 （年平均） （百万日元）	市负担额 （百万日元）	市费回收 预想期间 （年）
市中心	● 新横滨北部（区）	市	80.5	S50	7590	193	1年
	● 野毛町三丁目（再）	UR	0.7	S58	30	239	8年
	● 野毛町三丁目北（再）	公社	0.4	H13	8	314	39年
	● 横滨港站（再）	市	4.0	H6	138	10973	91年
	● 港未来（区）	UR	186.0	H18	13849	83700	8年
	● 横滨港站F-1（再）	公会	2.0	H15	133	1606	13年
	● 高岛二丁目（再）	公会	1.0	H19	48	1384	29年
	● 日出町站前A（再）	公会	0.7	（H25）	27	1038	39年
JR	● 鹤见站西口（再）	市	1.2	S60	38	1407	39年
	● 户塚站东口（再）	市	1.8	S61	67	3341	57年
	● 新子安站西（再）	公会	4.3	H12	185	1892	11年
	● 东神奈川站东口（再）	公会	0.8	H13	21	375	18年
	● 大船站北第一（再）	公会	0.6	H13	14	276	20年
	● 新彬田站前（再）	公会	1.9	H16	66	1258	19年
	● 鹤见站东口（再）	UR	1.2	H22	31	827	27年
	● 长津田站北口（再）	公社	2.2	（H24）	58	645	12年
	● 户塚站西口（再）	市	4.3	（H24）	193	16400	94年
	● 户塚站前中央（区）	市	6.8	（H26）	104	8738	95年
京急	● 彬田站东口（再）	公会	0.8	H5	53	526	10年
	上大冈站西口与站前（再）	市、个人	2.8	H8	481	20285	45年
	● 上大冈B（再）	公会	0.8	H15	73	1688	23年

续表

	事业地区	实施者	区域(ha)	完成年份	市税增收（年平均）（百万日元）	市负担额（百万日元）	市费回收预想期间（年）
京急	● 上大冈C南（再）	公会	1.6	（H23）	148	1441	10年
	● 金沢八景站东口（区）	市	2.4	（H28）	61	4572	80年
相铁	● 二俣川北口（再）	公会	0.9	H8	93	758	8年
	● 濑谷站北口（区）	市	8.9	H12	121	3224	27年
	● 鹤之峰站南口（再）	公会	1.5	H19	65	760	12年
市营	● 港北新塔（区）	UR	1340.3	H8,17	21431	113527	5年
	● 新横滨长岛（区）	市	13.2	H17	360	1850	5年
	市税增收（年平均）（百万日元）合计				45486		

横滨城市再开发项目税收增益的案例给出了TOD项目投入产出比的答案。TOD项目开发不仅能带动区域经济增长，实现创收，繁荣发展，而且能给政府带来稳定的税收收入，成为城市开发事业的财政保障，提升城市管理效力。

3.1.5
唤醒城市活力

大量以轨道交通站点为中心的TOD开发能够有效促进城市发展，唤醒城市活力。在TOD项目开发中，增进了车站和邻近街区的融合，加强了对人性化需求的满足。

图3.15　公共空间氛围营造　　　　　　　　图3.16　车站附近的艺术馆

随着TOD模式广泛应用，空间组织方式是否高效、城市空间是否为人所用等核心问题也在探索中不断优化。车站不再仅仅承担"交通"功能，更承担了"聚集"的功能。城市轨道交通站点作为城市的窗口，应该体现城市的品格和个性。因此，如何设计出与众不同的车站，获得稳定客流，同时将"客流"转化为"客留"是TOD项目需要解决的重要问题之一。图3.15为公共空间范围营造示例。

在TOD开发设计中，每一个项目除了办公楼、商业、住宅、酒店等基础元素外，还会相应设置音乐厅、博物馆等文化设施，公园绿地等公共空间，其背后的考虑在于，要为城市居民提供多元丰富的公共活动，引导人流、物流、资金流、信息流汇聚，更加高效地链接"生活"与"消费"。车站附近的艺术馆示例见图3.16，公园绿地示例见图3.17。

为了实现TOD区域的人气聚集，需要依赖多元的业态设置和复合的文化功能。TOD站点应基于客流汇聚的优势，通过面向多元群体的个性化业态设计和空间体验服务，实现多元文化的碰撞与融合，营造真正属于公众的活力场所。

图3.17　车站周边的公园绿地

3.1.6
保障居民安全

犯罪学研究成果表明，空间环境在一定条件下对人们的心理行为具有影响作用，它能引导人的心理及行为，因此改善空间环境可以有效预防犯罪，保障居民安全。一项犯罪预防研究说明，TOD项目的建设可以有效预防犯罪，其研究范围的犯罪率降低了46.7%。

"世界安全城市"榜单前三名——东京、新加坡市和大阪都拥有发达的轨道交通系统，大量的TOD项目不仅让市民的生活更加便利，更为城市的安全保驾护航。

以东京港城竹芝TOD为例，该区域采用智慧城市安全管理平台，5G信号覆盖整个区域，利用人工智能（Artificial Intelligence，AI）、虚拟现实（Virtual Reality，VR）、人脸识别以及非现金支付系统等技术，通过超1000台传感器和摄像头、最先进信息与通信技术（Information and Communications Technology，ICT）实时收集各类数据并处理，同时将数据与安保系统共享，保障TOD区域的安全。其工作流程如图3.18所示。

夜晚，TOD区域设置多种多样的照明设施，包括广场路灯、大射灯、地灯以及景观照明灯（图3.19）。这些照明设施不仅可以满足人们夜间行走以及活动的需求，同时为夜间监视提供了良好的环境，使TOD区域夜间也有一个安全可靠的氛围。有研究显示，夜间道路照明改善之后，夜间交通事故减少30%。因此，TOD区域良好的夜间照明不仅可以有效预防犯罪，还能够降低交通事故的发生率。

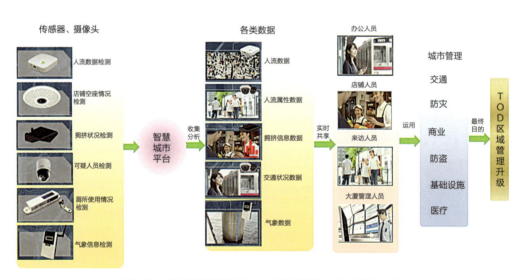

图3.18　TOD区域智慧城市安全管理平台工作流程示意图

图3.19　良好的夜间照明

3.1.7 均衡区域资源

需求侧管理，也称为需求方管理，是通过各种方法（如财政激励或教育）来改变消费者对能源的需求。通常需求侧管理的目的是鼓励消费者在高峰时段使用更少的能源，或者将能源使用时间转移到非高峰时间。高峰需求管理并不一定会降低总能耗，但可以减少为满足高峰需求而建设的基础设施以及相关投资。

对于城市的某一区域，日最大负荷和日最小负荷之间差值越小，电力系统运行的经济效益越高。TOD项目早晚用电负荷不会相差过大，日峰谷差率较小，可以充分利用电力基础设施，使电力系统经济效益达到最大化，通过"削峰填谷"的方式完成资源需求侧管理。如图3.20所示。

根据相关规范，对某土地开发区域用电量进行计算，结果如图3.21所示。如果区域做单一开发，其峰值将会较高，日负荷差较大，片区电力供给成本较高。进行TOD综合开发，可以有效降低峰值，缩减日负荷差，提高电力系统经济效益。

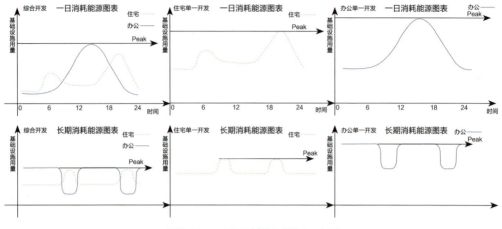

图3.20　TOD区域能源消耗示意图

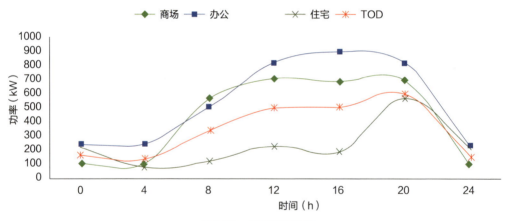

图3.21　日负荷曲线图

3.2 构建复合型公共空间

开发高品质的TOD复合型公共空间不仅能提升项目魅力，推进区域的可持续发展，还有利于塑造城市形象，实现政府、轨道公司和地产开发三者的互利共赢。

3.2.1
街道空间的精细设计

自TOD模式发展以来，提升项目的步行品质一直是开发设计的重点。随着当今城市的多样化发展，每条街道都呈现出不同的交通特征与空间特征，因此，如何将地方的局部利益和整个城市的功能优化结合，是设计者不得不思考的问题，TOD街道的规划、设计和建设、管理也有必要向"精细"转变。图3.22为精细化设计提议示例。

传统的街道设计片面地强调其单一交通功能，而忽视了街道本身作为一个多功能空间载体的事实。街道在城市中的功能主要体现为交通运输功能、经济功能、景观功能、认知功能以及交往功能五个方面。实际上，街道断面的设计不仅需要划分各交通主体的空间，还需要具体考虑新型的街道活动空间。

新虎通大道一直因热闹的氛围被称为"东京的香榭丽舍大街"，也是东京奥运村与体育场馆之间的必经道路。自1946年来，其进行了十余次的街道空间更新与完善，2019年4月，新虎通大道被指定为"城市风貌再生区"，再次开展国家战略层面的城市更新项目。地区的居民对区域发展意愿调查如图3.23所示，东京地标性商务街区、安心居住的热闹城市、绿色美丽是新虎通地区居民的三大愿景。

通过重新划分新虎通大道的步行空间（图3.24），为临街商铺、餐饮设施、桌椅等

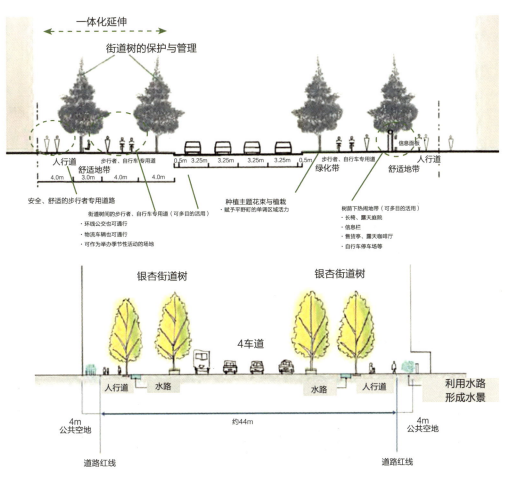

图3.22 御堂筋街道的精细化设计提议（2000年）

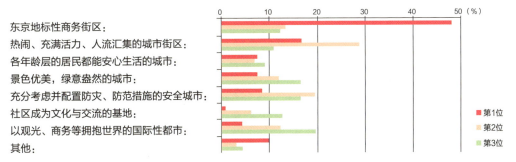

图3.23 新虎通地区的居民对区域发展意愿调查

站在政府的视角解析TOD

预留专用空间（图3.25），设置相关广告牌、宣传栏等（图3.26），同时根据季节举办特色活动，这些措施不仅宣传了本地文化，也实现了街道空间的魅力提升。

图3.24　新虎通大道更新范围及区位

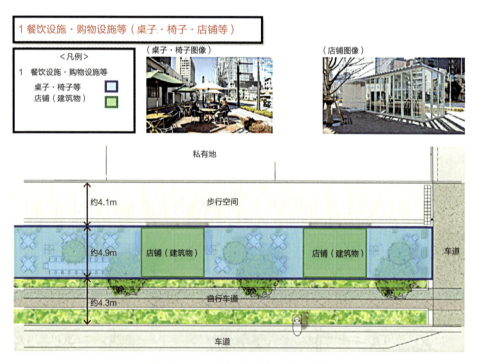

图3.25　临街商铺、桌椅等设置空间图

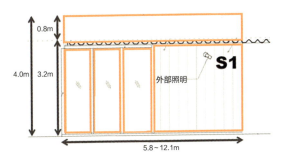

图3.26 街道广告牌设置空间图

3.2.2
下沉广场的趣味活力

当走出地下站点，单调的大尺度站前广场还是充满光照、绿意生机的下沉广场更受乘客喜爱？毫无疑问是后者。

在地下站点的TOD项目开发中，设计师拥有更多机会通过精细化设计展现地下公共空间的魅力。由于不可避免的高差感和地下空间带来的心理闭塞感，光、空气、便捷的出口成为地下空间开发设计的关键三要素。

马厂坝站TOD项目位于成都市四环西侧位置，上位规划为青羊区新城，属于片区级站点。一体化设计范围面积3275亩。地下空间设计中，以站点为核心，形成跨光华大道的回字形公共地下连廊，实现站点周边四个地块交通联系与功能一体化发展。利用站厅打开、设置下沉庭院、出地面接口，将地下空间慢行融为一体。如图3.27～图3.29所示。

成都TOD方案设计从不是一蹴而就的，而是不断完善，精益求精的过程。针对马厂坝站方案设计的过程稿，具体问题及修改意见如下。

（1）地下空间缺少轴线，需给步行者方向性。地下通道应该注意把握线形设计，利用圆弧线、合理的通道位置，减少通道的距离感。

（2）下沉广场的设计缺乏趣味性，从下沉广场出来乘客仍会有地下的封闭感，需要消除地下空间的差异。设计中需要增加通往地面的

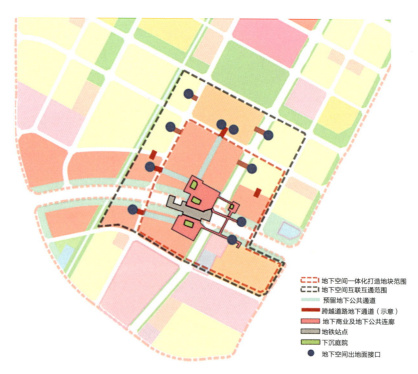

图3.27 马厂坝站地下空间方案（过程稿）

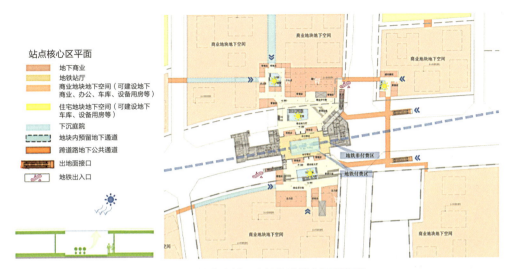

图3.28 临街商铺、桌椅等设置空间平面图

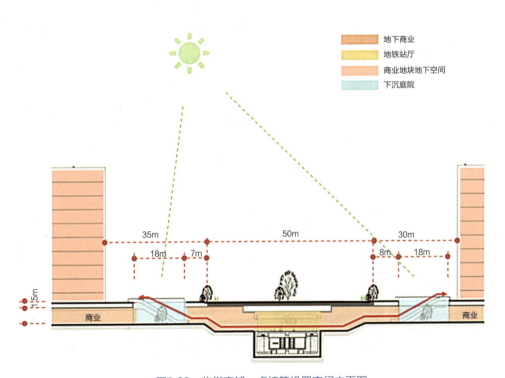

图3.29 临街商铺、桌椅等设置空间立面图

路径，创造视觉通廊，可以让人们看到近景。站场出口利用行道树等绿化景观、城市小品或标志性的装饰物等营造视觉感，创造方向性。参照姬路城站前的下沉广场，充分打开地下空间，提升空间的活力与趣味。

成都TOD展示中心位于陆肖TOD项目内，作为国内首个TOD专业展示中心，这里是向社会各界推广展示成都TOD实践的重要窗口。

走出陆肖站，TOD展示中心下沉式的中庭映入眼帘（图3.30）。如项目设计以"桃

图3.30　陆肖站TOD展厅景致宜人的下沉空间

源生活"为主题，将"山、水、林、城"的元素融入其中，以简约的折线打造适合现代人生活的生态居所。远离干道的人车喧嚣，生机盎然错落有致，落差给予流水活力，悬瀑和溪水相得益彰，草木声色展现自然的景致，这也是未来成都TOD的生态生活场景。

3.2.3
有限空间的无限可能

除了街道空间、地下空间，TOD项目的公共空间具有更多样化的运用可能。

合理打造公共空间不仅能够提升项目的魅力，也是协调TOD项目开发中政府、轨道公司、地产公司三者关系，实现互利共赢的契机。

如果说利用预留空间设立咖啡厅、广告牌，收益反哺项目发展的公共空间开发是常规之举，那么免费的涉谷区政府大楼、涉谷公会堂会让人眼前一亮。

东日本大地震后，日本更新了建筑的耐震性基准值，涉谷区政府大楼、涉谷公会堂也因耐震度不够面临着重建。但是，更新老化的设备与高额的建筑费用成为横亘在涉谷区政府面前的财政难题。2012年12月涉谷区政府就重建事业面向社会公开招标，意在"缩短工期，区财政负担最小化"。三井不动产株式会社、日本设计作为优先交涉企业。最终，涉谷区政府与建设企业达成了以下协议：

（1）涉谷区政府出让地块内4565m²土地70年的定期借地权。企业在土地内建设公寓并进行出租销售，在租期结束后土地将重新返还给区政府。

（2）企业承担涉谷区政府大楼、涉谷公会堂的建设费用，建成后交付给涉谷区政府。

"涉谷政府大楼 涉谷公会堂 重建计划"政府通过出让地块的租赁权换取了"免费的政府大楼"重建，这样的案例或许稍显极端，但反映出政府角色在TOD项目公共空间的获利，更揭示出TOD项目开发中政府、轨道公司、地产开发公司三者互利共赢的关系。

尽管TOD事业各参与者的出发点不同，但是站在引领城市发展的角度，参与到TOD项目开发，加强各阶段的统筹联系，能够最大化发挥TOD模式的效益。

4 站在乘客的视角解析 TOD

4.1 高效便捷的购物体验

4.1.1
社会消费状况的变化

在TOD项目中，为乘客提供交通服务只是基本的功能；更主要的是为乘客提供便捷舒适的生活。现如今，消费者的购物方式、消费观念以及社会的消费结构都在发生改变，TOD商业模式也应该与时俱进，寻求创新的经营理念，为乘客提供更加高效便捷的购物体验。

1. 电子商务的冲击

随着互联网技术和物流服务的迅速发展，人们的消费习惯发生改变，网络购物已经成为居民日常消费购物的重要途径。

高速发展的网络购物带来的是对于传统实体经济行业的巨大冲击。根据CNNIC第43次《中国互联网络发展状况统计报告》，截至2018年12月，我国网络购物用户规模达6.10亿人，手机网络购物用户规模达5.92亿人。2018年我国网络零售市场交易规模达到90065亿元，占到社会消费品零售总额的23.6%，如图4.1所示。从当前我国社会发展态势来看，网络零售仍将保持强劲的发展劲头，并且网络零售占比在未来仍会上升。

在互联网电商的冲击下，传统购物中心"品类齐全""薄利多销"的经营优势不复存在，而且因为交通费用、时间成本、空间距离等出行成本过高加速了衰败的步伐。实体店，尤其是依赖汽车的美式大型购物中心首当其冲。美式大型购物中心同质化日益严重，所占市场已经趋于饱和。实体店的萎缩表明电商的多样化和便利性对实体零售市

图4.1　2014～2018年中国网络零售规模统计图
（资料来源：历年《中国统计年鉴》，国家数据，中华人民共和国国家统计局）

场带来了持续冲击，也意味着TOD的商业模式必须具备网络购物所没有的优势才能留住消费者。

实体商业与电子商务之间应该是互利共赢的关系，未来的商业设施需要发挥线下购物"体验性"优势，打造富有魅力的空间设计。利用新技术省去销售中的麻烦，通过商业设施与顾客产生情感共鸣，带给顾客独特的购物体验，是TOD新型商业的核心竞争力。

2. 消费观念的改变

近几年，中国经济发展迅速，消费升级的步伐加快。2018年，中国恩格尔系数降至28.4%，再创新低，反映出当今居民消费观念的转变。根据《2018中国新消费专题研究报告》，中国新消费时代已经来临。20至21世纪消费关键词的变化见图4.2。

21世纪社会的消费观念已经发生巨大变化，从单纯满足物质层面的需求，转变为更多考虑精神层面的需求，更为重视体验、追求便捷与娱乐、社会及情感的需求，这样的消费观念变化将反作用于商业变革。

图4.2　20至21世纪消费关键词的变化

仅凭商品与服务态度就能使人满意的时代即将结束，现已进入了"根据个人兴趣、爱好、寻求能抓住消费者心理"的独特购物体验的时代。商业设施与顾客不再是单纯的买卖关系，而是能相互产生情感共鸣，有娱乐性的关系。TOD商业必须把握21世纪消费趋势，设计能提供体验式服务的商业设施。

3. 社会消费结构的变化

在居民个体层面上，年龄结构的不同将对个体的消费行为和消费结构产生重要影响，导致社会消费结构的差异性。

目前，中国人口年龄结构正发生着急剧的变化，随着生育率的逐年下降，已呈现出少子化和老龄化的现象，如图4.3和图4.4所示。年龄结构的变迁通过引发居民家庭结构的变化、个体的收入变化、消费习惯和偏好的变化等来影响居民的消费结构。在进行TOD商业设计的时候我们不得不将人口年龄结构的变化纳入考虑。

未来十年我国老年人口占比不断增大。据预测，2030年中国60岁以上人口将超过3亿人；2050年将超过4亿人，占总人口的比例将达到30%以上，届时中国将成为世界上老龄化程度最高的国家。老年消费群体通常更加注重性价比，更加关注健康产品，更加讲究消费体验。老龄化将增加家庭对医疗保健类的发展型消费、文化娱乐和旅游服务类的享受型消费，社会消费结构将迎来优化升级。

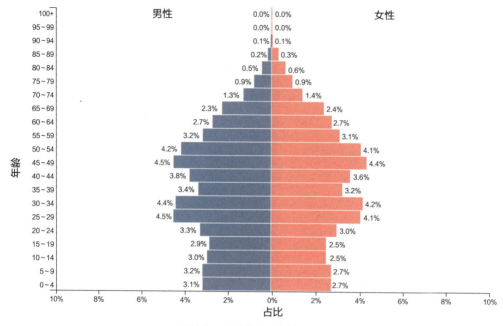

图4.3 中国的人口年龄结构

图4.4 2014～2019年中国高龄者人口统计

以老年人为代表的慢消费规模逐渐形成，未来将造就一个新的消费细分市场，TOD的商业模式也要充分考虑到老年人的生活习惯和购物需求，从细节处为老年人考虑，发展老年人的健康商业中心。

4.1.2
TOD新型商业理念

1. 互联网中体验不到的体感型商业

体感型商业提案如图4.5所示。

提案①	活用大数据，通过IoT与AI实现不同行业的融合

- 通过QR码，涵盖购物区的植栽，使商业室内装饰也可实现商品化。
- 根据顾客的兴趣爱好，在同一商店中同时设置不同行业的商品及样品，增加回头客。
- 通过在互利网中体验不到的不同行业间的融合，享受舒适、优质的空间设计魅力。
- 通过大数据和AI分析不同行业商品的分组，定期更新店铺。

（a）体感型商业提案①

提案②	面向即将到来的老龄化社会的安全、安心、舒适的TOD

- 为老年人的出行定向开发的公共交通（TOD）与综合化（All in One）商业。
- 能够体验、体感与兴趣爱好相吻合的不同行业间商品的新型商业。
- 通过观察、触摸、使用、挑选商品与样品，然后用手机或平板进行订购，送达到家。
- 在步行与车辆完全分离的空间，悠闲散步，购买自己喜欢的东西，悠闲回家。

（b）体感型商业提案②

提案③	体验、体感型商业的提案

- 能在互联网时代，提供互联网中体验不到的体感型平台。
- 能够提供与互联网时代的网络社交方式不同的体验型社交场所。
- 店铺无需备库，伴随着停车场的缩小，增加高价值商业空间。
- 大部分顾客都由数据中心接待，所以店员数会是以往购物中心模式的一半以下。
- 将商品作为室内装饰品摆放使用，使投资额减少，运营成本减少，利润增加。

（c）体感型商业提案③

图4.5 体感型商业提案

2. 不同行业融合购物公园提案

购物公园里散布着不同行业的融合店铺，能激发玩心、安全、安心、舒适的TOD。不同行业融合购物公园提案见表4.1。

不同行业融合购物公园提案　　　　表4.1

主题	业态
时尚、文化系	时尚品牌的直销店（根据商店趋势，销售多个品牌）
	咖啡店和餐厅（与商店倾向相吻合的料理，椅子、餐桌和餐具也可实现商品化）
	书店、美术馆（销售与顾客兴趣爱好相吻合的书籍、艺术品、文具）
	花店（花草与观叶植物在作为商店室内装饰的同时也展示销售）
健康、治愈系	诊所、治疗、针灸（医生、诊疗师、针灸师所产生的大范围的诊疗、接待、等待区的区域，共用此部分功能区可减少商业面积及工作人员）
	轻松舒适的沙龙（按摩、健身、美发&美甲沙龙等治愈系店铺）
	药店（不仅是西药，还包括中药、化妆品、健康食品、便利店商品）

续表

主题	业态
住宅、室内装饰系	住宅展示场（展示数十栋从传统到现在的住宅） 室内装饰展厅（根据兴趣爱好对高层建筑逐层变化装饰与展示） 家具与人工智能体验（住宅展示场与展厅中的人工智能家电） 生活杂货的销售（在与顾客兴趣爱好相吻合的住宅展示场与高层住宅中进行体验、体感）
娱乐系	电影院情结（座位摇晃、感受风、可触摸等，配备人工智能装置的体感型电影院） 体育设施（人工智能跑步机导入后的各种体感型体育用品的展示销售） 游戏中心（各种游戏与E运动的体感型游戏机和软件展示销售） 儿童乐园（儿童玩具的体验、体感型展示销售）

建筑面积约151000m^2，店铺数约200家，停车场约2100台。环游的步行流线组织提高了商业的可达性；用底层建筑环绕商业，削减了商业片区噪声，营造了舒适的购物环境。

茑屋书店（二子玉川店）如图4.6所示，面积13000m^2，涵盖了书店、文具、音乐、电影、智能手机、旅行社、玩具、诊所、休息室、画廊、咖啡馆、餐厅等业态。

图4.6　茑屋书店

4.1.3 高效集客的TOD商业新业态

Panasonic集团最初向市场提供电视机、电冰箱等家用电器产品，向企业提供生产设备和技术；历经四十载的发展，事业活动已经涉及研究开发、制造、销售、服务、物流等多个方面。大阪梅田站Panasonic的主旨是实现"A Better Life，A Better World"（图4.7）。令人意外的是，店铺不售卖商品，而是作为向世界传达企业文化理念，展示生活、科技、文化等多维的体验空间。Panasonic每天接待大量客流的到访，已然成为TOD商业新业态的典型案例。

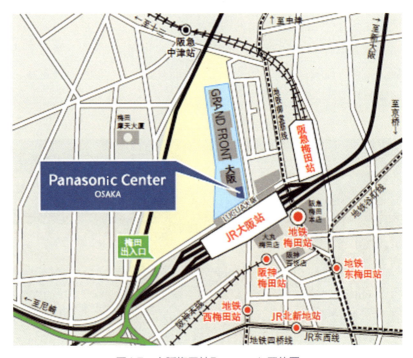

图4.7 大阪梅田站Panasonic区位图

图4.8　大阪梅田站Panasonic门店

　　Panasonic注重消费者个性化的消费体验。走进大阪梅田站Panasonic商场（图4.8），消费者首先可以根据商场提供的简单问卷（图4.9），对应找到自己理想的生活方式派别（图4.10）。Panasonic根据消费者的不同需求与个性，由专业的服务顾问给出消费意见；为不同的生活派系，创造真实的生活场景，消费者不再是购买商品，而是体验松下打造的各种生活场景，包括随处可见的DIY场景、精心设计的居住空间体验场景等（图4.11～图4.14），寻找最适合自己的生活方式。

　　强调土地的综合利用、设施的高效使用，为居民提供便捷生活和商业服务是TOD方案设计中的要点。通过研究比较成都市轨交站域居住类POI（Point of Interest，兴趣点）（图4.15）与购物类POI（图4.16），总体上耦合度较高，但在部分站点片区，也存在居住类功能用地和商业设施不匹配的问题。同时，传统街道商业空间呈现萎靡态势，面对消费者越来越多样的需求，亟需新业态新发展。在客流集中的地方打造商业，提升商业的利用率；提高体验型新型商业设施占比，打造特色TOD商业已经是成都TOD发展提升乘客购物体验的需求。

　　POI数据承载着地理实体的空间信息和属性信息数据，可以快速、直观地得出某类功能在城市中的分布情况。

图4.9 Panasonic生活方式问卷

图4.10 Panasonic五大生活方式

图4.11 漫画形式的居住空间故事线

图4.12　Panasonic随处可见的DIY场景

图4.13　精心设计的居住空间体验场景

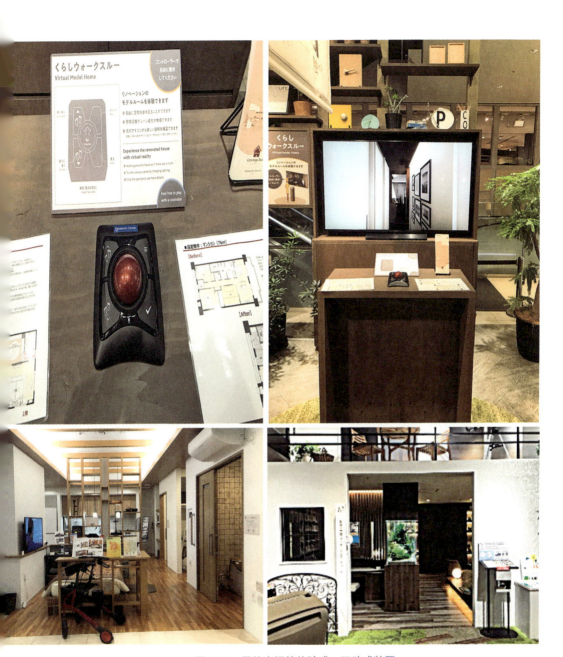

图4.14 居住空间的体验式、互动式装置

图4.15 成都居住类POI数据分布特征图

图4.16 成都购物类POI数据分布特征图

TOD 开发五原则

4.2 安全舒适的步行环境

TOD站点地区人流量较大，各类服务设施汇集，站点附近的交通情况也更加复杂，同时乘客对站点区域步行环境的要求也越来越高。由于步行环境建设受到传统的"车本位"思想影响，城市道路资源倾向于机动车，使得步行空间不断被机动车挤占，行人路权无法得到保障。过街设施不足、盲道设置不规范、指示系统不明、缺乏休息座椅等，站点地区步行环境存在的问题日益突出。仅仅依靠宏观的设计规划布置步行流线无法充分发挥TOD项目的优势，因此需要为行人创造一个便捷、安全、舒适、充满活力的步行氛围，提升TOD项目的步行环境品质。

4.2.1 安全舒适的步行环境内涵

（1）舒适性

舒适性包括知觉舒适性和行为舒适性两个方面。知觉舒适性指环境刺激（如声音嘈杂、天气炎热、光线昏暗、卫生状况差等）引起的知觉舒适程度。行为舒适性指环境行为的舒适程度，如人的行走路程较远，但行程中没有预休息的空间，或者缺乏安全感的开敞空间等会降低行为舒适性。

（2）安全性

我国城市交通中常常出现人车混行、人车抢道等情况，导致交通事故频发，严重影响交通安全。安全性指步行者生理、心理上的受保护程度。不合理的过街设施、夜间照

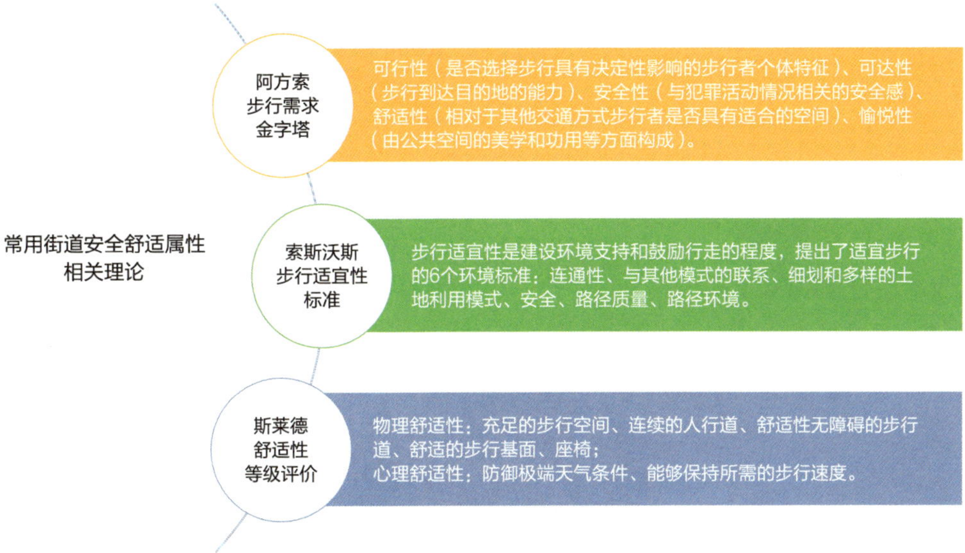

常用街道安全舒适属性相关理论

阿方索步行需求金字塔：可行性（是否选择步行具有决定性影响的步行者个体特征）、可达性（步行到达目的地的能力）、安全性（与犯罪活动情况相关的安全感）、舒适性（相对于其他交通方式步行者是否具有适合的空间）、愉悦性（由公共空间的美学和功用等方面构成）。

索斯沃斯步行适宜性标准：步行适宜性是建设环境支持和鼓励行走的程度，提出了适宜步行的6个环境标准：连通性、与其他模式的联系、细划和多样的土地利用模式、安全、路径质量、路径环境。

斯莱德舒适性等级评价：
物理舒适性：充足的步行空间、连续的人行道、舒适性无障碍的步行道、舒适的步行基面、座椅；
心理舒适性：防御极端天气条件、能够保持所需的步行速度。

图4.17　街道安全舒适属性相关理论

明、社会治安状况等都对行人的步行安全感产生影响。

图4.17展示了在城市设计中常用的街道安全舒适属性相关理论。

4.2.2 安全舒适的步行环境指标构建

TOD项目中人流量大、步行频率高、步行目的比较复杂，结合各国以往对于步行环境安全舒适性的相关研究，以安全性与舒适性为目标，设置14项评价指标如表4.2所示。

步行环境指标计算方法 表4.2

一级指标	二级指标	具体指标	单位	计算公式
安全指标	步行安全性	站点密度	个/km²	站点总数/中心区总用地面积
		公交站点覆盖率	%	公交站点辐射范围/总用地面积
		过街设施覆盖率	%	过街设施范围/总用地面积
		步行路网密度	km/km²	步行道路长度/总用地面积
		街区连通度	—	连通节点数/总道路节点个数
		道路交叉口密度	个/km²	道路交叉口数量/总用地面积
舒适指标	物理舒适性	步行连续性	%	有效道路总长度/总用地面积
		外部空间遮阴率	%	遮蔽的总阴影面积/总用地面积
		公共活动空间占比	%	公共活动空间/总用地面积
		公共活动空间覆盖率	%	公共活动空间辐射范围/总用地面积
		绿地率	%	绿地面积/总用地面积
	心理舒适性	天空可视率	%	天空面积/图片总面积
		空间辨识度	%	可辨识道路长度/道路总长度
		过街安全感	%	步行立交路口/总交叉路口

日本二子玉川作为近年来经典的TOD项目，具有一定的学习意义。成都春熙路站作为成都市客流量较大的站点，步行体系较为多样化，与理想的TOD模式步行体系较为接近，故选取为研究对象。

通过对两个区域的定性定量调查（表4.3）：春熙路站域在站点密度、公交站点覆盖率、空间辨识度等指标优于二子玉川站域；步行路网密度、公共活动空间占比、天空可视率等指标较为接近；步行连续性、外部空间遮阴率、绿地率、过街安全感等指标二子玉川站域优于春熙路站域。

步行环境指标计算　　　　　　　　　　表4.3

一级指标	二级指标	具体指标	单位	标准化数据	
				二子玉川站	春熙路站
安全指标	步行安全性	站点密度	个/km²	1	1.2
		公交站点覆盖率	%	1	1.32
		过街设施覆盖率	%	1	0.88
		步行路网密度	km/km²	1	0.94
		街区连通度	—	1	0.83
		道路交叉口密度	个/km²	1	0.8
舒适指标	物理舒适性	步行连续性	%	1	0.7
		外部空间遮阴率	%	1	0.52
		公共活动空间占比	%	1	0.92
		公共活动空间覆盖率	%	1	0.82
		绿地率	%	1	0.74
	心理舒适性	天空可视率	%	1	0.92
		空间辨识度	%	1	1.2
		过街安全感	%	1	0.77

4.2.3
安全舒适的步行环境设计策略

1. 合理的步行设施规划设计

TOD站点地区的步行环境规划时必须将人性化放在首要位置，避免建设利用率较低的步行设施（如二层连廊、地下通道）。站点出

图4.18 休憩设施完备的步行街道　　　　图4.19 天空可视率高的步行街道

入口需要与周边环境（如公交站点、建筑、广场、步行道等）合理地衔接，尽量给行人进出站带来方便。在步行设施规划时需要合理地规划其位置与数量，给行人带来方便的同时，又不影响步行环境的安全性与舒适性。示例如图4.18和图4.19所示。

2. 完善的步行标识系统

TOD项目区域人群密集，社会交往、社会生活活动频繁，增加了未知的空间和人们周围生活的信息量，因此为了提高环境的舒适性和便利性，城市环境信息系统的建立显得更加重要。近些年城市标识的应用主要在机动车道路交通标识实现了规范化、系统化，而其他方面的标识设计考虑得较少。

建设完善的步行标识系统，有利于合理高效传达街区、交通、建筑、景点等信息，注重步行环境的维护与管理工作。示例如图4.20和图4.21所示。

3. 打造步行道路景观

步行道路应该合理利用生态资源，将建筑、景观、步行道融为一体，让行人对步行环境具有认同感和归属感。尊重生态环境，充分利用自然环境与生态条件，打造步行道路景观。如图4.22和图4.23所示。

图4.20 根据实际情况对步行道进行管控

图4.21 人性化的步行道标识牌

图4.22 绿意盎然的步行道

站在乘客的视角解析 TOD

图4.23 滨水的站前步道

图4.24 精细化设计的铸铁栏杆

步行景观的设计应该因地制宜，根据不同片区的居民活动特性以及发展情况，合理打造景观小品。同时，步行景观打造需要向人性化、精细化发展。对成都、东京、首尔三个城市的步行满意度调研中发现，影响三个城市步行满意度最关键的因素分别是路面铺装、有无自行车道、绿化灌木高度。当然，除了铺装，精心设计的座椅、排水沟、栏杆扶手（图4.24）等各种景观元素都能提升TOD项目的步行魅力。

4.3 功能复合的公共空间

4.3.1 复合空间的功能

功能复合化、空间形态立体化、边界模糊化以及空间可达性网络化是复合空间的主要特征。TOD区域的复合空间主要承担四个功能：交通功能、商业功能、休闲功能和展示功能。

1. 交通功能

大部分城市站点空间都处于地下，这样，轨道交通站点与沿线上盖综合体、商业街区等场所必须依靠接驳点复合型空间的连接才能在同一个标高上取得联系，接驳形式一般采用中庭、地下通道、广场、坡道、楼梯以及空中连廊等附属建筑构成体等。例如，成都远洋太古里通过中庭空间的垂直扶梯，达到地下与地上的有效连接（图4.25）。

接驳点复合型空间在垂直方向上也可以解决站点与不同场所空间之间的高差转换问题。例如，日本东京站，通过大型空中连廊将轨道交通和商业中心连接起来，导向性明确，同时增加人们在行走过程中的体验性与趣味性，空间的转换更加自然顺畅。八重洲二层连廊示例如图4.26所示。

2. 商业功能

除了基础的交通功能，TOD区域复合型空间的其他功能主要是

图4.25 成都太古里地下中庭扶梯

图4.26 八重洲二层连廊

图4.27　新大阪站内商业

将地铁沿线的居住、办公、商业、交通等城市核心节点中的大量人流带到相接驳的场所空间中,形成有效的人流。这点对商业性质的接驳场所空间如商业综合体、商业街、商业广场等尤为重要,增加交通可达性的同时,促进目的性消费,同时带动内部随机性消费,大幅提高综合体的人流量和商业价值。新大阪站内商业示例如图4.27所示。

3. 休闲功能

TOD区域复合型空间的休闲停驻功能主要分两种类型:一种是在人流攒动的城市中心开辟出一处绿化优美的景观,不仅具备基本交通,还兼顾城市景观的功能,让人们享受舒适休闲的环境氛围,亲近自然。例如,日本的泉水花园(图4.28),作为与六本木1丁目站连接的站前地标性建筑,通过利用地形变化展开的"城市走廊",将地铁站和周边城市立体动态地连接在一起。通过采用框架结构将超高层建筑下部抬高,打造自然光充裕的地下换乘大厅,使到访者在六本木1丁目站

图4.28 泉水花园

下车时仿佛置身地上空间。在阶梯状延伸的平台部分布局商业设施，带动人气的同时，积极进行绿化，与旧住友会馆的既存绿地连成一体，形成独具代表性的"绿色城市走廊"。

另一种是TOD区域复合型空间成为景观的一部分，通过特殊材质、独特造型以及环境的营造来提高可识别度，建立标志性。例如，上海五角场地铁枢纽站，城市商业综合体与地铁站点通过环状的下沉广场进行接驳。处于地上、地下之间的下沉广场在设计上引入了水景、景观小品等空间元素，整个空间的舒适度、丰富度由此得到提升，这里俨然已成为市民休闲、娱乐的中心。

4. 展示功能

随着地铁接驳点空间的公共性与开放性的增强，其功能变得多样化与复杂化。地铁具备强大的引流，是较为理想的展览性空间。轨道交通融入展览性空间后，一方面能呈现当地的地方特色，另一方面有助于历史文化、民族风情的延续。既美化了室内空间，增加了空间的层次，又能为人们提供良好的学习氛围，使人们在候车、换乘时潜移默化地学习知识。图4.29为成都陆肖站TOD展厅。

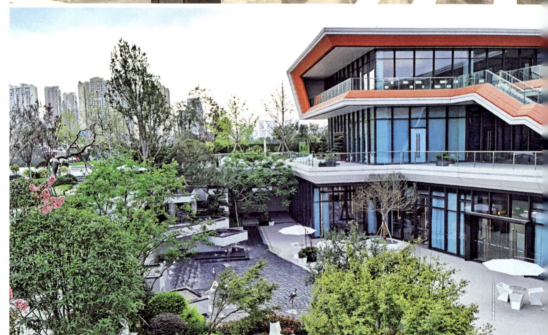

图4.29 成都陆肖站TOD展厅

4.3.2 东京六本木案例分析

六本木新城，又称六本木之丘，位于日本东京闹区内的六本木，由森大厦公司主导开发，是日本目前规模最大的都市再开发计划之一。

六本木新城毗邻新桥、虎门的商务街，霞关的政府机关街道，青山、赤板的商业街以及麻布、广尾的高档住宅区。是国际性的信息、时尚前沿。交通十分便利，四条轨道交通在此通过。

六本木新城由三个基本区域构成：A区、B区、C区。

A区位于项目北端，面对六本木大街，是六本木新城的主要入口。该广场直通六本木地铁车站，集商业、教育等综合设施于一体。

B区是六本木新城的核心区，包括54层的"森大厦"主办公楼、拥有300间客房的五星级君悦酒店、朝日电视台、综合影院和空中美术馆"森艺术中心"等，商业空间、街道和公园把这些主体建筑馆穿起来。

C区位于项目的南端，其中的四幢住宅共有840个单元，能容纳大约2000人。此外还有一幢多层的办公楼和其他生活辅助设施。

六本木新城里的建筑，包括朝日电视台总部（由日本著名建筑师Fumihiko Maki设计）、54层楼高的森大厦、君悦酒店、维珍（Virgin）影城、精品店、主题餐厅、日式庭园、办公大楼、美术馆、户外剧场、集合住宅、开放空间、街道、公共设施……几乎可以满足都市生活的各种需求。

1. 交通功能

六本木新城在规划时就将人的流动放在第一位来考虑，并以垂直流动线来思考建筑的构成，使整体空间充满了层次变化感。以森大厦株式会社为首，他们希望创造一个"垂直"的都市，将都市的生活流动线由横向改为竖向，建设一个"垂直"的而不是"水平"的都市，以改变人们的居住与生活行为模式。通过增加大楼的高度来增加更多的绿地和公共空间，并缩短办公室与居住区之间的距离，减少人们的交通时间。六本木新城内的建筑就是根据这一规划理念朝垂直化方向设计的，因此六本木地区的户外公共空间开阔，绿地覆盖率也较高。

2. 商业功能

商业空间组成大致可分为五个区域，如图4.30所示。

（1）地带大厦（North Tower）：连接地铁日比谷线六本木站的商业大楼，其一楼与地下一楼设有餐厅、商店和便利店等。

（2）地铁明冠/好莱坞（M/H）：连接地铁日比谷线六本木站与六本木新城的入口，是美容美发世界、美食健康综合广场。

图4.30　商业布局示意图

（3）西侧步行区（West Walk）：位于森大厦内，六层楼高，时尚、美食、医疗设施等一应俱全。

（4）庭园侧步行区（Hill Side）：充实的艺术和生活空间。

（5）榉树坂区（（Keyaki Zaka）：包括六本木新城入口大厦、六本木新城住宅区、六本木榉树坂大道等相关空间。绿影婆娑的奢华街道，东西长约400m的林荫道，周围是豪华品牌的商店。

3. 休闲功能

景观创造是六本木新城主要出彩的部分。六本木的街道主题是要创造"垂直花园城市"与"文化中心"。这一主题通过从地面至屋顶的多样化的广场、街道、绿地形成了"立体回游"的森林，葱翠环绕，万物生灵与自然亲密交流，在和谐的环境中能真切地体验四季的无穷魅力。

六本木项目不仅最大限度地绿化地面，还绿化建筑物的屋顶，在创建多样性的绿色空间的同时，对缓解地球温暖化现象和缓解微气象也能作出贡献。开发后的绿地面积由16500m^2扩展到26000m^2，约为开发前的1.5倍。

Hill Side旁的露天广场是六本木新城最主要的广场，整个区域点缀着各种艺术品和设计作品，最醒目的就是由艺术家露易丝·布鲁乔亚设计的大型钢铁蜘蛛雕塑"Maman"。中庭广场规划了许多景观休憩空间与水景设施，在白天这里是一处令人感到非常舒适的休闲场所，到了夜晚这里配合着柔美的灯光，更具有另一种美感，让步行穿过这个社区的过程赏心悦目。

4. 展示功能

拥有大量的艺术文化，使六本木新城成为东京的文化重心地区之一，这也是当初开发规划时就已经确定的目标。

森大厦中的森艺术中心共3000m^2的面积被划分为九个展览空间，平均每三个月更换一次主题。森美术馆位于大厦顶部，强调其独特魅力——"世界上最接近天空的美术馆"。

六本木圆剧场拥有可以任意开放的遮蔽式穹顶露天多功能公共娱乐表演圆形舞台，能为风雨无阻的户外活动提供场地；配合着可变换的喷水设施，满足了多样化的活动场地需求，提供了变化丰富的空间。

广场上的活动多以世界性的娱乐节目为主流，每次光临都会体验不同的刺激。

4.3.3
六本木新城可借鉴之处

1. 定位明确

日本六本木新城处于东京港区的繁华地带，周边有四条轨道交通穿过，并且还有若干条公交线路，交通极为便利，并且由于自身用地条件的限制，六本木新城的定位为大型城市综合体，集工作、居住、商业、游憩于一体。

2. 多样化的开敞空间

城市综合体项目在城市中往往占据最佳位置的城市开发地段，这类项目的建成会对城市街区乃至整个城市的公共空间产生重要的影响。对于市民而言，综合体是一个全天候的工作、生活、消费、游憩的场所，可以满足人们的多种需求。通过六本木新城的案例可以看出，一个成功的城市综合体不单单只提供商业办公等功能，而是一个城市公共空间品质的提升者。这种从实际生活的互动出发，结合当地社会的发展，以营造丰富的城市公共生活为核心的理念才应该是一个优秀的综合体应该秉承的设计理念。

3. 立体城市

立体城市不是单一地提倡高层建设，而是应该依托高层建筑，与低层建筑、地面设施以及地下空间形成一个立体的系统：立体的人群流线、立体的绿化空间等。通过这种理念不仅能丰富空间的变化，还可以最大化地集约利用土地，增加每个人的都市空间，为城市生活带来便利，创造紧凑的、有机聚合的街区。

5 站在城市可持续发展的视角解析TOD

5.1 缓解机动车依赖型交通模式

机动车依赖型的交通出行结构，公共交通利用率不高的现状给城市发展带来了交通拥堵、停车位紧张、环境污染等难题。转变机动车依赖型的交通模式，借力TOD模式转变城市出行方式，是高密度城市的主要发展方向，对于解决城市交通、环境和能源问题具有积极、重大的意义。

5.1.1
缓解交通拥堵

目前，成都市汽车保有量高达519.5万辆，仅次于北京，居全国第二，人流量、车流量基数极大，中心城区居民机动化交通出行总量约765万人次/日，使成都道路交通的承载能力面临巨大的考验。《2018年中国城市通勤研究报告》显示，成都的日拥堵经济损失达到15元/人，平均通勤路程达9.3km。

机动车依赖型的交通模式带来的交通拥堵、通勤时间过长已经成为城市发展必须重视的问题。交通拥堵增加了居民通勤时间，降低了居民的生活满意度，也阻碍了城市间人力物力资源的快速流转，给城市经济发展造成了严重的阻碍。

东京是世界上人口密集度最高的城市，同时也被称为全球治堵最成功的案例。事实上，东京也曾有过不堪回首的大堵车时代。20世纪60年代起，日本经济进入高速成长阶段，伴随着经济的发展，东京的

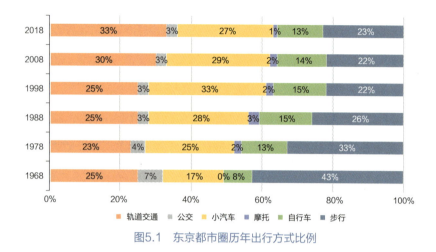

图5.1 东京都市圈历年出行方式比例

汽车也越来越普及，交通拥堵开始成为顽疾，被全社会广泛诟病。1970年，鉴于东京交通拥堵严重，出租车不得不开始收取交通拥堵费，每日交通拥堵费就达1亿日元以上。

最大限度地发挥公共交通的作用是东京治理交通拥堵的最大秘诀。东京都市圈分别于1968年、1978年、1988年、1998年、2008年、2018年开展了居民出行调查。2018年，东京都市圈公交分担率为36%，轨道交通继续呈现出增加趋势，小汽车出行自1998年以后呈现减少趋势，如图5.1所示。

从历年出行方式变化来看，1968~1998年东京都市圈轨道出行比例一直维持在25%左右，而在30年期间，小汽车出行比例增加了16%，并超过了公共交通出行比例。东京都市圈人口快速增长期也是轨道交通建设的高峰期。30年间人口增加了1156万人，轨道里程增加了768km，如图5.2所示。

1998~2008年，轨道里程仅增加228km，但是轨道出行比例增加了近5%，小汽车出行在这个期间减少了4%。这段时间轨道交通持续建设，主要原因是2000年左右日本启动了都市再生计划（即TOD区域开发），对新宿、涉谷、东京站等核心区轨道站点进行再开发，使得居住、就业更加向轨道交通站点聚集，居民的生活圈更集中在轨道站点周边。

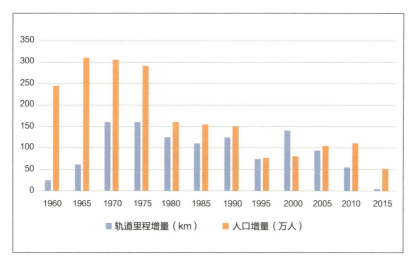

图5.2 东京都市圈轨道里程及人口增长变化图

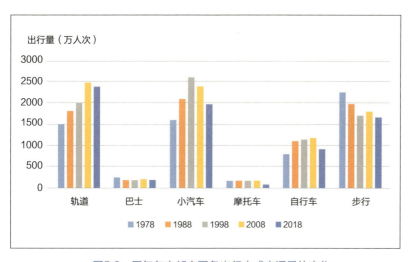

图5.3 历年东京都市圈各出行方式交通量的变化

从历年的各方式出行量（图5.3）来看，2018年小汽车出行量相比1998年，减少了将近20%。轨道交通出行量相比20年前增加了20%。

完善的公共交通系统，高度复合的土地开发，TOD项目发挥集聚效益，引导居民养成轨道交通出行的习惯。随着TOD模式发展，东京人的购车意愿在下降，近几年汽车保有量一直呈现下降的态势（图5.4）。

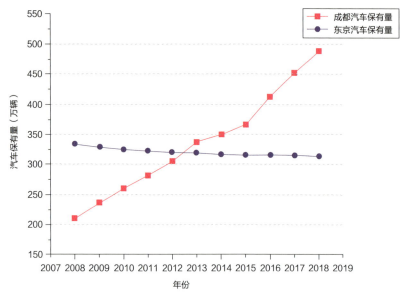

图5.4　2008~2018年成都、东京汽车保有量

根据M1·F1综合研究所以居住在首都圈的3000名居民为对象的调查结果，轨道交通的高度发达（使用其他交通手段）已经成为很多东京人不买车的重要原因（表5.1）。

日本首都圈居民不购车原因调查表　　表5.1

序号	问题	比例
1	现在的生活中无需求	74.1%
2	汽车的维修费、税金太贵	52%
3	使用其他交通手段足够	51.9%
4	想把钱花在汽车以外的其他方面	43.9%
5	没有购买汽车的资金	36.9%

都市再生计划形成规模，城市设施逐渐向中心城区集中，也提升了居民到访中心城区的倾向。如图5.5所示，在日本三大都市圈中，城市功能设施越集中复合的城市，步行出行的倾向越强，当通勤距离

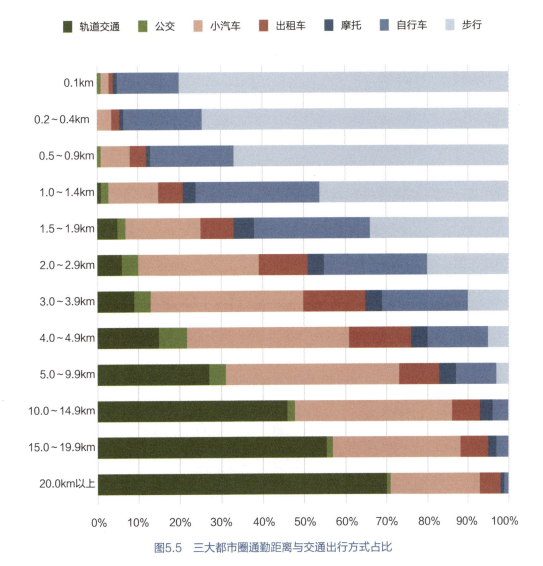

图5.5 三大都市圈通勤距离与交通出行方式占比

在5km以上时,居民更倾向使用轨道交通。

东京七个城市副都心均沿山手线布置,同时沿轨道站点周边布设了千叶、多摩等新城以及大量的城市枢纽型中心、活力型中心和区域中心。建设用地围绕在轨道站点周边高度集聚,形成了疏密有致的城市空间结构。东京的治堵案例充分说明,着力构建TOD都市对缓解城市交通拥挤有重要作用。

5.1.2 削减停车需求

随着机动车保有量的增长，机动车依赖型交通模式也带来更大的停车需求，大量土地资源被停车位所占用。美国一项研究表明，城市有将近20%的城市土地资源被用来建造停车泊位。过多的停车设施不仅占用城市土地，而且破坏了社区的整体性和步行环境，给城市交通带来附加压力。

东京的停车场经历了从21世纪初期的停车难（图5.6）到现在停车位"无车可停"的状态（图5.7）。一方面东京的汽车保有量在下降，另一方面城市更新项目配置了新的停车设施，停车泊位和汽车保有量的比值升至0.091。

近几年成都市汽车保有量以年均15%的速度迅速增长，同期停车位的年增长速度约10%，成都市中心城区现有停车泊位约129.5万个。对比东京的停车泊位配置（表5.2），中国一些城市停车泊位和汽车保有量的比值理论上可以满足停车供给，但是停车难的情况在中国依然普遍存在。解决停车问题，并不能靠一味建设停车场来解决。

图5.6 21世纪初期"爆满"的东京停车场

图5.7 改善后东京空旷的停车场

不同城市停车泊位/汽车保有量的比值对比　　　　　　　　　　表5.2

城市	停泊车位/汽车保有量的比值
广州	0.48
北京	0.35
深圳	0.34
成都	0.27
上海	0.18
东京	0.09

在未来，公共交通更加完善，成都TOD开发形成规模，是不是应该合理考虑TOD项目的停车需求呢？

TOD项目建设完成，能够充分发挥公共交通本身的优势，通过合理规划城市轨道线路及站点周边布局，逐步引导人们转变交通出行方式，形成轨道交通出行习惯，停车需求将会大大降低。

TOD理念在停车场库建设中可以体现为以公共交通为依托，合理区分停车需求，尽量满足医院、学校等刚性需求，调控商业、办公等弹性需求，同时在轨道交通站点周边实施停车需求折减。基于TOD理念指导停车场的建设，可以克服静态交通尤其停车场库建设以完成计划任务为导向，供需不匹配的问题，有效促进动态交通与静态交通建设有机结合，发挥城市交通系统的最大潜能。

5.1.3
改善城市空气质量环境

城市机动车依赖型的交通模式带来的不仅是对城市时间和空间的占用，还有日益严重的空气污染和资源浪费等问题。中国城市大气细微粒物（PM2.5）源解析结果显示，机动车尾气已成为深圳（52.1%）、北京（45.0%）、上海（29.2%）、济南（32.6%）和杭州（28.0%）等城市大气污染的首要来源。除了PM2.5，其他如SO_2、NO_x、CO与HC也是主要污染物，而中国城市城区74%的HC、63%的CO、37%的NO_x也都来自汽车尾气。

TOD模式通过改变土地利用和开发形式，提供便捷舒适的公共交通服务，促使居民自发改变出行方式。

为识别推行TOD模式对空气质量的影响，以中国某城市A、B、C三个TOD项目为例，采用精确断点回归的方法进行估计，宏观层面上检验推行TOD模式是否能有效改善城市空气质量。分别以三个TOD项目A、B、C投入使用时间为断点，采用局部加权回归散点平滑法（LOWESS）绘制了空气质量指数（Air Quality Index，AQI）随着时间变化的趋势（表5.3）。

TOD模式对空气质量影响研究 表5.3

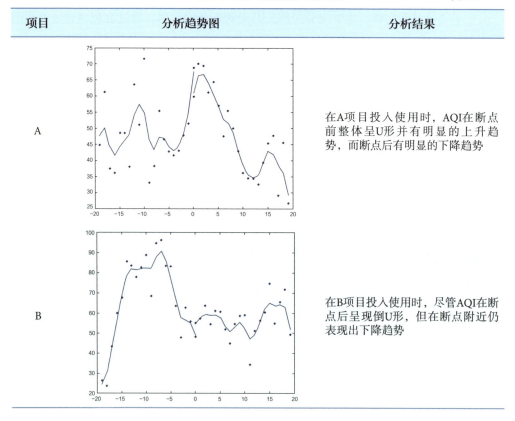

项目	分析趋势图	分析结果
A		在A项目投入使用时，AQI在断点前整体呈U形并有明显的上升趋势，而断点后有明显的下降趋势
B		在B项目投入使用时，尽管AQI在断点后呈现倒U形，但在断点附近仍表现出下降趋势

续表

项目	分析趋势图	分析结果
C	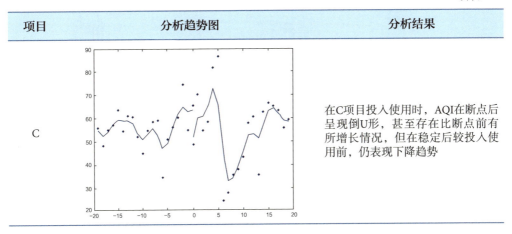	在C项目投入使用时，AQI在断点后呈现倒U形，甚至存在比断点前有所增长情况，但在稳定后较投入使用前，仍表现下降趋势

根据该城市TOD模式的实践，论证了城市推行TOD模式在一定程度上能够改善空气质量。

具体而言，在TOD项目规划设计中可以通过新技术新方法，进一步扩大TOD模式的环境保护效益。

在六本木Hills，建设大规模的能源循环网络（图5.8），在地下发电站利用燃气进行发电，将发电时产生的排热供给办公室、酒店、商业设施等冷暖设备，这就是"热电联产系统"的系统运行模式（图5.8）。系统对片区提供稳定的电、热供给，电力需求峰值得以平均化，实现了高效率能源利用。同时，相较于普通开发片区的供能系统，该项目能够减少10%单次能源消耗，27%的CO_2排放，大气污染NO_x的排放削减也达40%，建立了一个对环境负载极小的TOD项目能源系统。

另外，对于TOD项目中的公共空间，可以通过引入自然光的形式（图5.9），构建城市与自然、建筑与自然的和谐关系，提升空间魅力的同时也能降低能耗、节约资源。

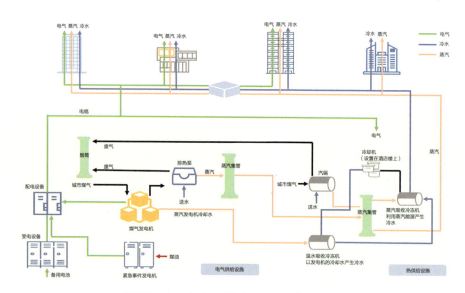

图5.8 六本木地区"热电联产系统"及效益

图5.9 引入自然光的公共空间

5.2 无车干扰的高品质居住区

5.2.1 居住区的无车干扰

居住区，泛指不同居住人口规模的居住生活聚居地和特指城市干道或自然分界线并与居住人口规模（30000～50000人）相对应，配建有一整套较完善的、能满足该区居民物质与文化生活所需的公共服务设施的居住生活聚居地。对于TOD项目而言，提升住宅区的品质，不仅有利于提高TOD项目的活力，更有助于城市的可持续发展。

居住区最受关注的特性有哪些？通过对中国20个城市40个新建居住区的特性进行归纳，绘制词云图（图5.10），对关键词进行合并，安全、交通、位置、环境、公园、价格等出现频率较高，其中出现频率最高的是"交通安全"，这也说明该因素是居民最注重的。结合TOD模式的特性，住宅"交通安全"的具体体现是"无车干扰"。

TOD项目居住区"无车干扰"的设计理念是"雷德朋理念"的升华。雷德朋体系（图5.11）是在汽车时代到来之际，为解决大量汽车的方便使用和居住区的安全、宁静之间的矛盾而首次采用的规划方法。一方面，雷德朋体系抛弃了传统的高连通度街道网模式，采用道路分级和尽端路形成树状路网结构。另一方面，雷德朋体系十分注重居住区的可步行性，精心设计了相互联系的专用步行道网络和完全的人车分离体系。

在中国西部某住宅项目中，渡边荘太郎运用"雷德朋体系"的设计理念，成功打造了无车干扰的高品质居住区（图5.12）。

首先小区内的机动车道路构成了规划结构的外骨骼（图5.13），这个外骨骼包含了两级道路：第一级的环形主路，是小区内联系各组团各区域的唯一道路，同时行使消防环道的功能；第二级的组团尽端

图5.10 高品质居住区的特性词云图

图5.11 雷德朋体系概述图

图5.12 住宅区项目鸟瞰图

图5.13 交通流线规划图

路,以环形主路为起始端接入别墅组团内部,而在组团末端形成回车场地,或以环形主路为起始端接入多层洋房的半地下车库。道路与景观相互分离而独立,互不交叉、互不干扰,景观内建立的漫步道围绕核心景观轴,将居住建筑的内表面紧密联系起来,散步与行车完全分离,安全和舒适性都得到了极大的保障。形成了开车到家、停车入户、出门散步进公园的高尚居住体验。中心景观轴由洋房和别墅区围合,呈梳状的支脉又伸入到组团间形成组团或栋间绿地。而水系也依托于这个骨架而成型。

5.2.2 已建成TOD居住区案例

二子玉川站TOD项目近年来成为很多城市TOD建设的模板，也被评为日本东京中产阶级最喜欢的安居地之一。总建筑面积为339431m^2，其中住宅面积为92781m^2，包括三栋超高层点式住宅和两栋板式公寓。本小节以二子玉川站TOD项目居住区为例，探讨居住区"无车干扰"品质提升的具体策略（图5.14和图5.15）。

图5.14 二子玉川站TOD项目住宅区位图

图5.15 二子玉川站TOD项目鸟瞰图

1. 交通组织

（1）步行流线组织（图5.16）。通过步行路径，连接车站、商业、办公、住宅区；通过二层平台进行分流，住宅区入口位于二层平面上，住宅区四周有楼梯可上至二楼；与车行系统立体分离。

（2）机动车流线组织（图5.17）。将机动车道布置在项目周围，并对住宅邻近道路做限速处理；住宅附近的部分道路，如公园处的机动车道，做下穿处理。

图5.16　二子玉川站TOD项目步行流线图

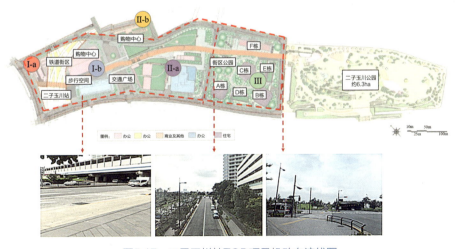

图5.17　二子玉川站TOD项目机动车流线图

（3）公共交通衔接（图5.18）。轨道交通、公交、出租等交通衔接点分布在步行动线上，没有机动车辆的干扰；其中，住宅区距离公交、出租站点为200m，住宅区距离轨道交通站点为400m。

（4）停车场设置（图5.19）。在项目区内设置多处自行车、摩托车、私家车停车场，大多采用地下的形式，出入口设置在次干路上，避开主干路；在二子玉川公园等开阔地区设置少量地面停车场。

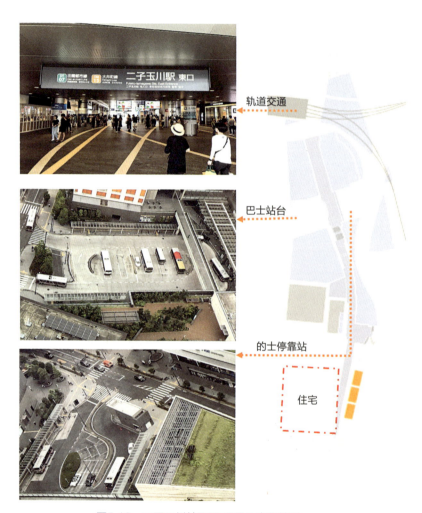

图5.18　二子玉川站TOD项目公交衔接图

图5.19 二子玉川站TOD项目停车场分布

图5.20　二子玉川站TOD项目应急车道

（5）为应急车辆设置专用车道，可行驶至二层平台，确保应急防护事件（图5.20）。

2. 环境品质

住宅区遍布着草坪和乔灌木等绿化，连廊也用绿蔓点缀，通过步行道连接屋顶花园和二子玉川公园（图5.21和图5.22）。社区内部的自然生态要素，如绿化、水体、山麓，与社区整个系统相互联系、自然融合。

二子玉川公园（图5.23）位于住宅区以东400m处，是东京首座基于"回归到世田谷本来的大自然"理念的日式庭园。庭园以古迹旧清水家书院为核心，与多摩川自然水岸和国安寺悬崖绿意丘陵形成良好的互动，营造出移步换景的空间感。二子玉川公园成为市民游览的休憩点，以及儿童游玩之地的安心之选。

按照《声学环境噪声评测》选取测量点位，对二子玉川站居住区声环境进行监测。

（1）监测时间。2019年8月22～23日，8：00～20：00。

（2）监测点位。在二子玉川站TOD项目，站前广场、商业区、住宅区周围机动车道、住宅区布置声环境监测点位（图5.24）。

（3）监测结果。如图5.25所示。

（4）结论。根据团队之前对国内住宅声环境监测结果，声环境音量通常为60～70dB；对比而言，二子玉川站居住区声环境质量优于国内很多住宅区。

图5.21 二子玉川站TOD项目住宅绿化和连接通道

图5.22 二子玉川站TOD项目屋顶花园

站在城市可持续发展的视角解析 TOD

图5.23 二子玉川公园

图5.24 二子玉川站居住区声环境监测点位布置

142　　TOD 开发五原则

图5.25　二子玉川站居住区声环境监测结果

5.2.3
成都TOD居住区规划案例

　　成都TOD居住区规划一直注重"无车干扰"方面的品质提升,并对"雷德朋体系"的思想进行发展创新。本节以成都4号线站点万盛站为例,展现成都TOD居住区无车干扰的设计理念。

1. 项目背景

万盛站作为轨道4号线西端重要的首末站,是成都西部区域重要的客运交通枢纽,距离市中心约25km。万盛站属于一般站点,为轨道4号线单线普通地下站,兼具跨区域通勤、交通换乘、商业服务、人防市政等多元功能,现已建成运营。

现用地情况及原控规如图5.26和图5.27所示:总体设计范围内现状土地增量空间有限,可建设用地较少,需优地优用,科学合理进行TOD一体化规划。辐射影响范围内都为可建设用地,以商业用地、商务用地、居住用地为主,面积约34ha。核心区建设范围以商业用地为主,面积约13ha。

当前用地现状主要存在几点问题。

(1)现状路网骨架基本成型,换乘主要依托少量的地面停车和公共自行车解决,未构建地下、地面、空中"三位一体"的立体换乘系统。

图5.26 万盛站用地规划范围

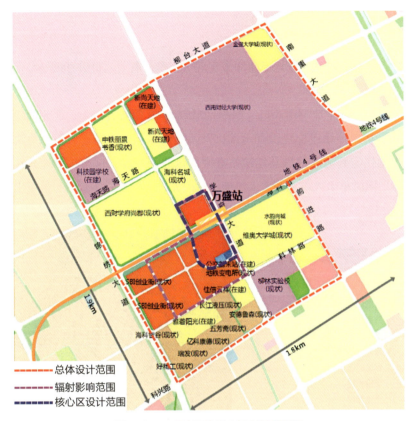

图5.27 万盛站原控规土地利用规划图

（2）步行主要沿城市干道展开，未形成沿街沿河沿绿串线成网的连续、舒适、安全的慢行体系，交通体验较差。薄弱的换乘，忽视"最后一公里"，不畅的微循环交通体验未能满足市民出行需求。现状交通难以满足校、企、创、商、居等高效、便捷、舒适的出行需求。

（3）现状公共空间"体系弱、数量少、品质低"，街道、公园、绿地、水系呈碎片状分布，未形成完善的网络体系，已建地块街区尺度偏大，步行距离过长，公共活动休憩空间缺失，街道铺装、街道家具等品质不佳。

（4）现状乏味的公共空间、单调的环境、粗糙的品质，难以支撑创新创业以及城市活力和魅力营造。

2. 地下实现人车分流

针对方案一：以地下空间来实现"人车分离"，如图5.28所示。具体措施如下。

（1）调整地下街入口。如图5.28所示，在原有方案中，北侧地块与该站直接相连位置设有出入口，满足乘客进出站需求。但该地块北侧住宅到达此区域及地铁站必须跨过北侧支路，这与TOD理念相悖，同时单出入口不利于人流流动，因此，在地块北侧新增一地下出

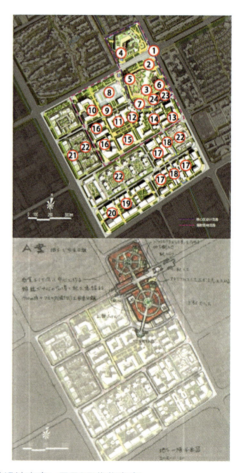

方案一

① 万盛站
② 万盛广场
③ 万盛荟商业综合体
④ 万盛云创意综合体
⑤ 星级酒店
⑥ 创投大厦
⑦ 文化艺廊
⑧ 科技服务中心
⑨ 健康与科技金融中心
⑩ E/MBA商学院
⑪ 创智天地
⑫ 校企共享中心
⑬ 研发楼
⑭ 滨水花园总部
⑮ 产业孵化中心
⑯ 人才公寓
⑰ 众创工坊
⑱ 川西水街
⑲ 药企孵化加速器
⑳ 产业研究院
㉑ 成都SBI创业街
㉒ 现状居住区
㉓ 公交首末站
㉔ 变电站

图5.28 万盛站设计方案一及TOD优化方案

入口，一方面实现人车分流，方便北侧建成区住宅人口更舒适地进入该地块及地铁站，提升轨道的利用率；另一方面，地下商业街具有两个出入口，促进人流流动，增加商业人气，使商业更容易存活。

（2）商业区域摆放于中心位置。在原方案中，广场位置布置了绿化、酒店、大厦及部分综合体，但酒店大厦等体量偏小，主要以绿化为主，这与TOD的设计原则相违背，开发强度应随着与车站距离的增大而逐渐减小，在越靠近车站的区域，开发强度应越高。因此，大体量的商业应布置在广场区域，充分发挥其区位价值。

（3）以轴心连接中心广场与车站。在车站两侧的商业集中区都设有中心广场，通过设置中心轴线，增强两个中心广场互动性，并与车站相连接，使车站与广场、广场与广场间无缝连接。

（4）700m内的街区实行"人车分离"。通过上述慢行系统的构建及布局优化，可实现以车站为中心700m范围内区域"人车分离"，构建安全舒适的步行空间，符合TOD的规划设计原则。

（5）地下空间引入自然光，并且种植植栽，模糊地上地下界限，创造一体化空间。如图5.29所示，可构造玻璃穹顶结构，将自然光引入地下，在室内种植绿植进行装饰绿化，进而模糊地上地下界限，创造一体化空间。

3. 地面实现人车分流

针对方案二：地面实现"人车分离"，如图5.30所示。

具体措施如下。

（1）调整站点入口。如图5.30所示，调整各地块站点入口，使乘客可以在不穿越车道的情况下到达此站点，实现"人车分离"，促进乘客使用轨道出行，提升轨道利用率。

（2）地块内采用"回头弯"实现"人车分离"。在原方案中，地块中设置有大量的机动车道，势必与慢行交通形成冲突，TOD规划设计的一重要原则是"人车分离"，使行人能够不受机动车干扰安全

图5.29　引入自然光的魅力空间

地到达轨道站点，因此，通过构造回头弯实现"人车分离"，使行人无须跨越机动车道即能到达站点。在地块内构造多个回头弯，在不影响到达性交通（即小区住户）的情况下限制通过性交通，实现"人车分离"，地块小区居民可通过沿湖的慢行交通体系舒适安全地到达站点，另外，通过拓宽水域面积，提升小区住宅品质，提高地产投资回报。

（3）通过下穿车道来实现"人车分离"也是一个选择。由于回头弯的设计会将道路打断，在部分确切需要保证连通性的道路，也可使用下穿车道的形式实现"人车分离"。

（4）延长"城央花园"中心水域，引水入宅，扩大湖景，形成临水住宅，提高住宅价值。同时用桥连接水域两岸，在水域两岸种植植栽，创造绿色空间，将"城央花园"的绿地引至入户，提高绿地率。

方案二

① 万盛站
② 换乘广场
③ 万盛荟商业综合体
④ 万盛云创意综合体
⑤ 星级酒店
⑥ 创投大厦
⑦ 城央花园
⑧ 先锋画廊
⑨ 科技服务中心
⑩ 健康与科技金融中心
⑪ E/MBA商学院
⑫ 创智天地
⑬ 校企共享中心
⑭ 研发楼
⑮ 产业孵化中心
⑯ 人才公寓
⑰ 众创工坊
⑱ 川西水街
⑲ 药企孵化加速器
⑳ 产业研究院
㉑ 成都SBI创业街
㉒ 现状居住区
㉓ 公交首末站
㉔ 变电站

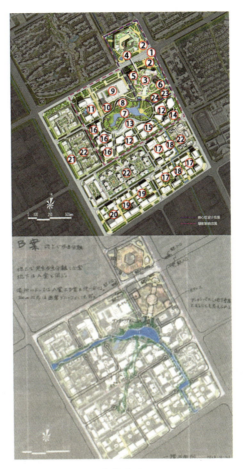

图5.30 万盛站设计方案二及TOD优化方案

5.3 魅力的TOD城市空间

翻阅成都历史的卷轴，舒适的地面步行空间，丰富的社交活动填满了成都人民的生活。以公共交通为导向的TOD发展模式是成都解开"大城市病"的密匙，慢行交通能够使得城市更具活力，很大程度上减轻居民对私家车的依赖。TOD模式将城市从机动车社会释放回归到人类的手中，和谐城市的步行化与机动化关系，打造适合人类行动尺度的城市魅力空间。

5.3.1
TOD城市的步行化与机动化

20世纪70年代，秋田站前的交通状况混乱，拥堵频繁，在站前建设了单向环形道路，一定程度上改善了当时道路的混乱状态。后期东侧高速道路建成之后，东西向的交通量剧增，单向环形道路无法承载来往于两侧的车辆，西侧山野十字路口长期拥堵，秋田站前交通亟待改善。如图5.31和图5.32所示。

2003年，为改善道路拥堵状态，秋田县开始了秋田中央道路建设项目。在秋田市旭北锦町—秋田市手形字西谷地之间下挖道路，全长2550m，旨在提高秋田市中心与站点的可达性，缓解秋田站东西侧之间的交通阻塞，同时激活中心城区的城市活力。2007年9月15日，秋田中央道路正式投入使用，一定程度上弥补了当初单向环形道路的缺陷。如图5.33和图5.34所示。

图5.31 秋田站前交通广场

图5.32 秋田站周边道路

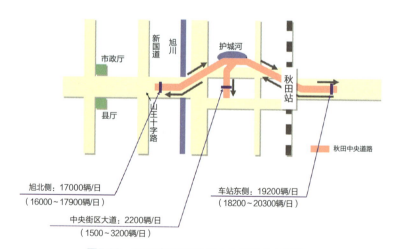

图5.33 2007年10月秋田中央道路的交通量

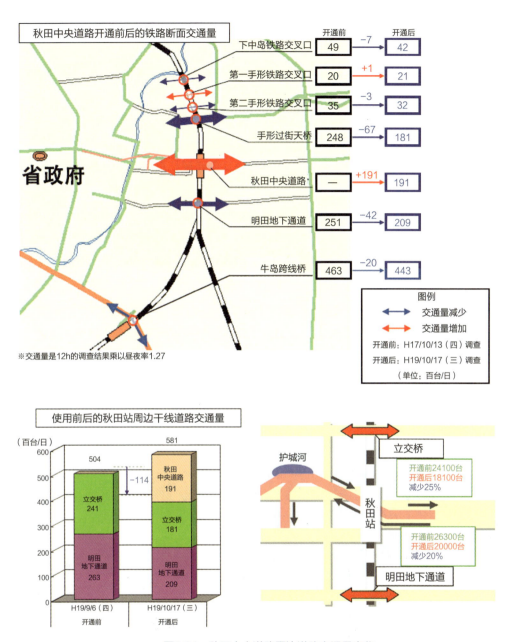

图5.34 秋田中央道路周边道路交通量变化

秋田站前的单向二分路设计，早在20世纪70年代就被频繁运用于日本中等城市的站前商业区，在一些区域取得成功。不过，在主干道使用单向二分路的设计，可能会引起道路堵塞，并且这样"车行优先发展"（Vehicle Oriented Development，VOD）的开发理念也会造成站前商业的衰退。

秋田站站前交通改造的经验一方面在揭示TOD模式与VOD模式之间的差异，另一方面也启示我们思考TOD模式下步行化与机动化的关系。

对TOD站点很重要的是，机动车路网不会直接连接站点，而是分布在站点的外围边缘。慢行空间的缺失会严重影响居民对公共交通的依赖，以机动车出行为中心的城市规划又会增加居民对私家车的使用，从而限制TOD的发展。为了适应这个城市的发展，为了机动车出行更加畅行，道路不断加宽，但这样的城市是以机动车为中心的，而非居民，所以会导致"宽街无闹市"的现象（图5.35和图5.36）。

成都TOD开发贯彻"137理论"，进行精细化的城市设计，在站点核心区实现人车分流。居民从站点出来，不用穿过任何一个路口，也不用与机动车发生交汇，就能通过安心舒适的道路直接到达目的地。TOD模式确实能够使城市更健康地发展，提升公共交通利用率，步行时间在增加；同时激发商业潜力，居民可以在行走过程中获取更多信息，察觉周边变化，由此可能催生一些新的商机，或创新机会。

打造TOD项目的慢行交通系统，其实就是把城市的掌控权真正交还给人类手中，而不是机动车。

图5.35 步行尺度的活力街道

图5.36 机动车导致的"宽街无闹市"

5.3.2 激发城市空间的步行活力

TOD项目并非一定需要空中连廊和地下通道。在一些TOD项目开发中,受到地形、区位交通等的限制,设计师被迫借助地下通道与空中连廊等形式来实现步行者优先,此举带来了额外的建设成本。但是健康的城市建设本需要少动这些高价的"外科手术"。

如图5.37所示,该项目的交通组织与成都林家坝站TOD方案类

图5.37 某TOD项目的方案规划图

图5.38 项目的生活场景营造

似，通过分割地块、分离通过性交通，在项目中心形成220m×220m范围的核心区域，实现完全人车分流；交通量大的通过性道路布置在项目外围，极大程度上规避了机动车的干扰。除此以外，项目根据不同人群的需求，设计不同的生活场景，进行不同的圈层开发，如图5.38所示。组织亲近自然的人行流线，提高公园绿地的可达性。

  TOD项目能否成功关键在于到达站点是否实现完全的人车分流。当无法在平面实现人车分流时，可以借助空中连廊和地下通道等形式。空中连廊应该能够遮风挡雨，合理布置商业、植栽，削弱空中步行的高差感，提升空间活力。地下通道应控制体量，透光通风，确保能通过地下网络到达项目核心区，连廊示例如图5.39和图5.40所示。

  一个城市是否有魅力很重要的就是交通是否便捷，目前成都轨道交通发展迅猛，精细化的TOD步行系统设计激发城市空间活力，居民生活更加舒适，成都也将更加宜居。

图5.39 没有商业气息的连廊步道

图5.40 商业活力的空中连廊

6 TOD区域管理活动

6.1 最大化提升区域综合价值的秘诀

6.1.1
TOD片区综合价值最大化

前5章主要对"TOD开发五原则"进行详实的解读，其为成都TOD项目规划设计提供了理论支撑。自2017年，成都TOD事业一直处于高速发展阶段：14个TOD综合开发示范项目全部开工建设，52个轨道交通站点策划规划完成，4批次轨道一体化城市设计启动，多个项目年底上市，商业运营有序推进，成都已经进入TOD发展新阶段。

设计之外，我们需要思考一个问题：如何最大化发挥TOD项目的综合价值及实现TOD项目的可持续发展？渡辺荘太郎纵观TOD模式的发展历程，基于五原则，提出"城市可持续发展规划与建设的下一篇章——TOD区域管理活动"相关理论，给出了这个问题的答案。

如何利用现有空间和资源，提高区域的政治价值、经济价值、社会价值、生活价值、生态价值等综合价值，是全球大城市可持续发展都面临的考题。

一些城市决策者和管理者选择通过"区域管理"来解决这一难题，并且实践证明因地制宜的区域管理确能提升片区综合价值。各国区域管理活动现状如图6.1所示。

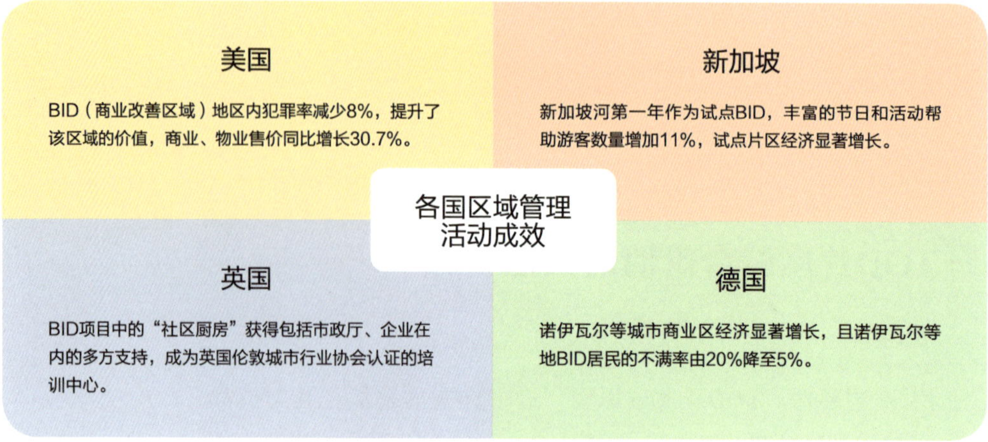

美国	新加坡
BID（商业改善区域）地区内犯罪率减少8%，提升了该区域的价值，商业、物业售价同比增长30.7%。	新加坡河第一年作为试点BID，丰富的节日和活动帮助游客数量增加11%，试点片区经济显著增长。
英国	德国
BID项目中的"社区厨房"获得包括市政厅、企业在内的多方支持，成为英国伦敦城市行业协会认证的培训中心。	诺伊瓦尔等城市商业区经济显著增长，且诺伊瓦尔等地BID居民的不满率由20%降至5%。

各国区域管理活动成效

图6.1 各国区域管理实施成效

6.1.2
TOD区域管理活动是最大化提升区域综合价值的秘诀

从参与TOD事业的五个主体——政府、轨道公司、地产公司、居民和城市出发，审视发展TOD的目的，寻求实现TOD项目可持续发展的策略（图6.2）。

渡辺荘太郎认为，TOD区域管理活动是最大化提升TOD区域综合价值的秘诀，是提升TOD品牌效应的重要抓手。基于TOD五原则深度探索，结合TOD模式的特点，根据各国区域管理的实践经验，提出TOD区域管理活动理论框架（图6.3）。

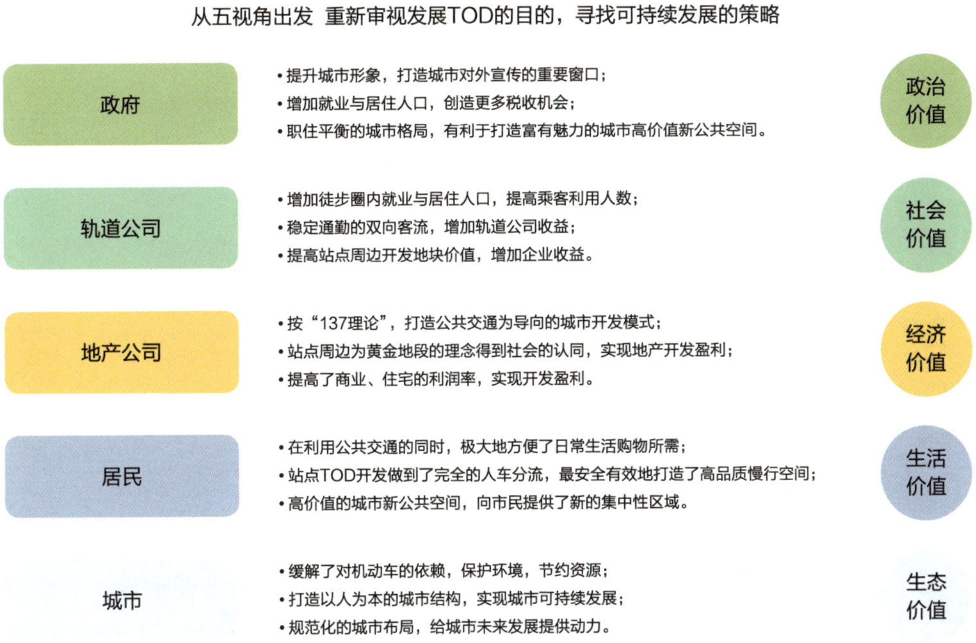

从五视角出发 重新审视发展TOD的目的，寻找可持续发展的策略

政府	· 提升城市形象，打造城市对外宣传的重要窗口； · 增加就业与居住人口，创造更多税收机会； · 职住平衡的城市格局，有利于打造富有魅力的城市高价值新公共空间。	政治价值
轨道公司	· 增加徒步圈内就业与居住人口，提高乘客利用人数； · 稳定通勤的双向客流，增加轨道公司收益； · 提高站点周边开发地块价值，增加企业收益。	社会价值
地产公司	· 按"137理论"，打造公共交通为导向的城市开发模式； · 站点周边为黄金地段的理念得到社会的认同，实现地产开发盈利； · 提高了商业、住宅的利润率，实现开发盈利。	经济价值
居民	· 在利用公共交通的同时，极大地方便了日常生活购物所需； · 站点TOD开发做到了完全的人车分流，最安全有效地打造了高品质慢行空间； · 高价值的城市新公共空间，向市民提供了新的集中性区域。	生活价值
城市	· 缓解了对机动车的依赖，保护环境，节约资源； · 打造以人为本的城市结构，实现城市可持续发展； · 规范化的城市布局，给城市未来发展提供动力。	生态价值

图6.2　TOD的综合价值内涵

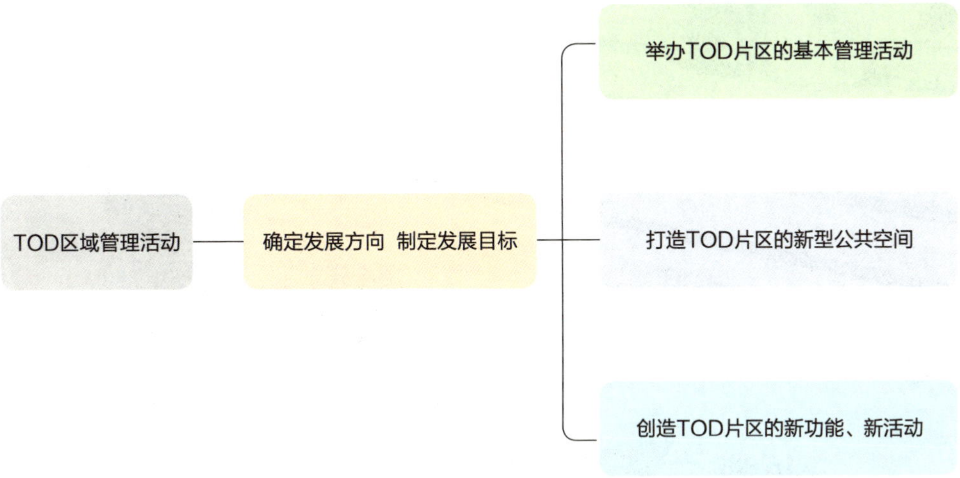

TOD区域管理活动 — 确定发展方向 制定发展目标
- 举办TOD片区的基本管理活动
- 打造TOD片区的新型公共空间
- 创造TOD片区的新功能、新活动

图6.3　TOD区域管理活动

6.2 TOD区域管理活动

6.2.1 确立发展方向，制定发展目标

进行区域管理实践活动之前，必须确定区域发展方向，制定区域发展目标。这一阶段不是由单一的地产开发或者轨道公司来进行的，而是需要政府职能部门、轨道公司、地产开发商、居民多方协作，共同商议。

TOD区域管理活动的目标制定，应该包括以下步骤（图6.4）：

（1）政府职能部门、轨道公司、地产开发商、居民等协作分析区域的现状，认识到TOD区域发展存在着什么样的问题。

（2）共同探讨区域发展的未来图景，并讨论建设的推进方法。

（3）为实现上述发展目标，设置具体的战略与对策。

图6.4　TOD区域管理活动目标制定流程

TOD 区域管理活动

（4）在具体活动开展前，从定量的视角或定性的观点讨论活动的可持续性是必不可少的。

6.2.2 举办TOD片区的基本管理活动

提高生活品质，借助活动创收，实现管理活动持续发展。

（1）开展区域内清洁、治安、交通相关的活动，营造舒心舒适的生活环境氛围。

（2）区域内外发布各种信息、活动概要。宣传社区活动，提升区域口碑，加强开发商、居民、活动组织方的联系。

（3）开设居民研讨会、授课研讨。提升居民素质，营造社区氛围，创造品质交流场所。

（4）利用预留空间设立咖啡厅、广告牌等。集聚人流、提升空间魅力，收益可反哺于社区活动组织。

6.2.3 打造TOD片区的新型公共空间

创造口碑品牌，肩负社会责任，引领环境共生型城市发展。

（1）积极活用地下空间，采用耐震性材料，设立防灾减灾空间场所。提高区域韧性，推进安全安心城市建设。

（2）定期举办防灾课程培训、储蓄防灾物资。提升居民防灾减灾意识，提升区域抗灾能力。

（3）区域绿化活动，种植大规模公共绿地。注重环境保护，缓解热岛效应，建设环境共生型城市。

（4）合理布设能源供给，发电与供暖循环。建设资源节约型城市，实现区域可持续发展。

6.2.4
创造TOD片区的新功能、新活动

借助新科技，打造活动场所，增添区域知识交流、商业合作。

（1）提供知识交流场所、设施，开展人才、商业交流活动。利用空间分享知识，汇聚各个领域的交流，推动合作交流和个人发展。

（2）利用虚拟现实、沉浸式技术等新科技，打造有趣、富有魅力的活动空间。丰富居民日常生活，改善人际关系，提高区域魅力。

（3）提供社会服务据点，为居民的研讨会、演讲会、职业规划会等提供空间。社区承担社会责任，为城市发展贡献力量。

（4）利用区域的空间、店铺，开展健康饮食教育、体育等相关的趣味活动。丰富居民生活，提供更加健康、快乐的环境。

成都TOD事业已经到了一个全新的阶段，现在不能继续将工作仅围绕规划设计建设等前期阶段，研究与组织TOD区域管理活动，最大化提升TOD区域综合价值是成都模式发展的新思路。TOD区域管理贯穿在整个TOD项目发展过程中，将成为开启成都TOD新篇章的钥匙。

参考文献

[1] 林必毅，徐本安，王志敏．基于宜居空间的TOD智慧社区规划建设探索［G］．中城科数（北京）智慧城市规划设计研究中心专题资料汇编，2020．

[2] 杨洁，朱权，李信，潘明辰．轨道交通TOD开发潜力用地识别及发展策略研究——以昆明市为例［C］．创新驱动与智慧发展——2018年中国城市交通规划年会论文集，青岛，2018．

[3] 郭琳．TOD模式下城市轨道交通站点节能节地规划设计实践探索［C］．《工业建筑》2018年全国学术年会论文集（上册），北京，2018．

[4] 兰杰，程志刚，陈建凯．适应于中国城市轨道站点TOD立体模式初探［C］．持续发展理性规划——2017中国城市规划年会论文集，东莞，2017．

[5] 郑瑞山，陈素平，王赫，等．公交先导发展（TOD）在城市宏观层面的规划应用［C］．规划60年：成就与挑战——2016中国城市规划年会论文集，沈阳，2016．

[6] 邹彦雯．发展具有中国特色的TOD模式——以北京市地铁6号线为例［C］．《智慧城市与轨道交通》2015年中国城市科学研究会数字城市专业委员会轨道交通学组年会论文集，沈阳，2015．

[7] 郑悦，吴学增．可持续城市发展战略——TOD的发展与推广［C］．《智慧城市与轨道交通》2015年中国城市科学研究会数字城市专业委员会轨道交通学组年会论文集，沈阳，2015．

[8] 潘柳．基于TOD理论的轨道交通站点空间利用模式研究——以重庆市中心城区五大商圈轨道交通站点为例［C］．2017城市发展与规划论文集，海口，2017．

［9］朱嘉伊. 轨道交通站点周边土地利用与居民通勤方式研究［C］. 规划60年：成就与挑战——2016中国城市规划年会论文集，沈阳，2016.

［10］张开翼，曹舒仪. 基于节点-场所模型评价东京典型轨道交通站点周边地区［C］. 规划60年：成就与挑战——2016中国城市规划年会论文集，沈阳，2016.

［11］许琦伟，褚冬竹. 轨道交通站点影响域边缘空间相关问题初探［C］. 2016年中国城市交通规划年会论文集，深圳，2016.

［12］周嗣恩. 基于"步行链"的轨道站点交通设施规划研究［C］. 2016年中国城市交通规划年会论文集，深圳，2016.

［13］王昊. 我国城市轨道沿线地区规划建设的问题与对策［C］. 新常态：传承与变革——2015中国城市规划年会论文集，贵阳，2015.

［14］李阳，杨应科. 基于轨道综合效益的TOD综合开发实施途径探讨［C］. 协同发展与交通实践——2015年中国城市交通规划年会暨第28次学术研讨会论文集，杭州，2015.

［15］仲美学，丁宇. 轨道交通站点周边：房价增值与出行选择［C］. 协同发展与交通实践——2015年中国城市交通规划年会暨第28次学术研讨会论文集，杭州，2015.

［16］王禹，胡锦瑞，何捷. 地下空间网络重建与地铁站点慢行系统优化［C］. 活力城乡 美好人居——2019中国城市规划年会论文集，重庆，2019.

［17］古嘉城，胡倩倩. 回归人本——城市街道空间的公平正义［C］. 活力城乡 美好人居——2019中国城市规划年会论文集，重庆，2019.

［18］高思琪，黄俐颖. 基于绿色交通理论的城市商业区慢行系统规划研究［C］. 北京力学会第二十五届学术年会会议论文集，北京，2019.

［19］孙欣. 城市慢行交通空间的营造［C］.《工业建筑》2018年全国学术年会论文集（下册）. 北京，2018.

［20］杨斌. 基于POI数据的西安市轨道交通站点周边商业设施特征与成因机制研究［C］. 活力城乡 美好人居——2019中国城市规划年会论文集，重庆，2019.

［21］周妍. 基于POI数据的商业业态与轨道交通站点空间耦合研究——以杭州主城区为例［C］. 活力城乡 美好人居——2019中国城市规划年会论文集, 重庆, 2019.

［22］王振, 张志敏, 杜臣昌, 等. 轨道交通站点周边职住平衡与通勤特征分析［C］. 活力城乡 美好人居——2019中国城市规划年会论文集, 重庆, 2019.

［23］欧阳松, 王芳. 轨道交通站点影响下既有住区出行可达性研究［C］. 活力城乡 美好人居——2019中国城市规划年会论文集, 重庆, 2019.

［24］范晓阳, 侯全华, 杜洋. 轨道交通影响下的城市中心区更新策略探析——以西安友谊路地区为例［C］. 活力城乡 美好人居——2019中国城市规划年会论文集, 重庆, 2019.

［25］杨天人, 吴志强. 美国城市规划院校2000~2014年研究动态［J］. 城市规划学刊, 2017, （4）: 10-19.

［26］江嘉玮. "邻里单位"概念的演化与新城市主义［J］. 新建筑, 2017, （4）: 17-23.

［27］Kevin K, Hipp J R, Kim J H. Analyzing accessibility using parcel data: Is there still an access–space trade-off in Long Beach, California? [J]. The Professional Geographer, 2017, 69 (3): 486-503.

［28］Badawi S. Sustainable approach for developing local mixed-use streets case study Beit Al Maqdis Street in Jeddah[J]. Procedia Environmental Sciences, 2017, 37: 374-385.

［29］국승재,임순정,이효원. New direction of the Suwan Commercial Site from the perspective of New Urbanism[J]. 대한건축학회 학술발표대회 논문집, 2017, 37 (1).

［30］刘泉, 张莞莅, 钱征寒. 基于老龄化视角的TOD地区步行尺度——以日本选址优化规划为例［J］. 国际城市规划, 2021, 36（2）: 40-49.

［31］刘泉, 钱征寒, 黄虎, 等. 未来城市智慧TOD的发展趋势思考——兼议TOD化与去TOD化之争［J］. 规划师, 2020, 36（22）: 5-11.

［32］潘海啸, 孙松, 朱倩云. 中国城市轨道交通与TOD建设实践［J］.

建筑实践，2019，（9）：178-187.

［33］潘海啸，张超. 大型超市购物出行与TOD规划策略——以上海近郊轨道交通站点地区为例［J］. 城市发展研究，2018，25（4）：54-61.

［34］Yunmi P, Huang S K, Newman G D. A statistical meta-analysis of the design components of new urbanism on housing prices[J]. Journal of Planning Literature, 2016, 31 (4): 435-451.

［35］李红艳. 加拿大城市空间的可持续发展实践及对我国的启示［J］. 建筑与文化，2016，（9）：57-60.

［36］Liang Y, Du M B, Wang X X, et al. Planning for urban life: a new approach of sustainable land use plan based on transit-oriented development[J]. Evaluation and Program Planning, 2020, 80: 101811.

［37］Staricco L, Brovarone E V. Implementing TOD around suburban and rural stations: an exploration of spatial potentialities and constraints[J]. Urban Research & Practice, 2020, 13 (3) : 276-299.

［38］Mohammed A B, Gunawan S, Fuad A I, et al. Optimizing land use allocation of transit-oriented development (TOD) to generate maximum ridership[J]. Sustainability, 2020, 12 (9): 1-20.

［39］Nasri A, Carrion C, Zhang L, et al. Using propensity score matching technique to address self-selection in transit-oriented development (TOD) areas[J]. Transportation, 2020, 47 (1) : 359-371.

［40］杨韵. TOD模式下的风景园林规划设计趋势的思考［J］. 现代园艺，2019，（20）：100-101.

［41］李伟，夏超. 基于TOD背景下城市轨道交通上盖物业开发的研究与探索——以成都西站片区上盖物业开发项目为例［J］. 工程技术研究，2019，4（20）：228-230.

［42］成都陆肖站TOD项目［J］. 建筑实践，2019，（9）：118-119.

［43］关青. 基于TOD的土地开发利用分析［J］. 居舍，2019，（25）：159.

［44］Lamour Q, Morelli A M, Marins K R D C. Improving walkability in a TOD context: spatial strategies that enhance walking in the Belém neighbourhood, in São Paulo, Brazil[J]. Case Studies on Transport Policy, 2019, 7 (2).

[45] Nasri A, Zhang L. How urban form characteristics at both trip ends influence mode choice: evidence from TOD vs. Non-TOD zones of the Washington, D. C. metropolitan area[J]. Sustainability, 2019, 11 (12).

[46] Helbrecht I, Dirksmeier P. New Urbanism: Life, Work, and Space in the New Downtown[M]. Taylor and Francis, 2016.

[47] Dotson T. Trial-and-error urbanism: addressing obduracy, uncertainty and complexity in urban planning and design[J]. Journal of Urbanism: International Research on Placemaking and Urban Sustainability, 2016, 9 (2): 148-165.

[48] Clapson M. The new suburban history, new urbanism and the spaces in-between[J]. Urban History, 2016, 43 (2): 336-341.

[49] 吴小凡. 美国新城市主义研究［D］. 上海：华东师范大学，2015.

[50] Maneval S. New Islamic Urbanism: The Architecture of Public and Private Space in Jeddah, Saudi Arabia[M]. London: University College London Press , 2019.

[51] Markley S. New urbanism and race: an analysis of neighborhood racial change in suburban Atlanta[J]. Journal of Urban Affairs, 2018, 40 (8).

[52] 김세용. Smart urbanism for the new era[J]. Review of Architecture and Building Science, 2018, 62 (4).

[53] 徐国源，冯芹. 美好城市：城市理论的探索与实践［J］. 江苏社会科学，2018，（2）：226-231.

[54] 义拉贵. "新城市主义"对我国实现"小街区，密路网"城市空间模式的启示［J］. 内蒙古科技与经济，2017，（22）：15-16.

[55] Sullivan R. Twenty-first Century Urbanism: A New Analysis of the City[M]. Taylor and Francis, 2017.

[56] 张衔春，胡国华. 美国新城市主义运动：发展、批判与反思［J］. 国际城市规划，2016，31（3）：40-48.

作者简介

杨　鹛：1977年生，工学博士，博士后，副教授。大熊猫国家公园专家委员会特聘专家，中国外交部教育外交官，成都市市政府建设类项目专家，成都轨道交通集团TOD总顾问团队高级顾问，日本国立山梨大学研究生院指导教员，日本和歌山医科大学大数据处理中心高级研究员。

长期从事可持续性城市景观建设与轨道交通土地开发领域的理论及技术研究。参与了成都市TOD规划、成都市慢行交通规划等一系列重点行业的重大工程的设计、施工、运营全过程。通过与实际工程紧密结合进行的长期科学探索，在城市道路景观、轨道交通站点开发、TOD等研究方向取得了一定的理论及技术创新。

主持、参与完成了10余项国家、省部等各级科研项目。在国内外各级学术期刊和会议上发表论文30余篇，出版专著、教材4部。相关研究成果已被纳入多项行业标准及规范。

郭　春：1979年生，工学博士，副教授，博士生导师，美国乔治梅森大学访问学者。获评第十四届詹天佑铁道科学技术青年奖、第八届中国公路百名优秀工程师、第三届中西部土木建筑杰出工程师、第十一批四川省学术技术带头人后备人选。主要研究方向：复杂地下工程环境控制与节能技术、地下工程防灾减灾及交通控制技术、TOD规划与设计等。任教育部城市地下空间工程专业教学指导小组秘书，土木工程学会隧道及地下工程分会地下铁道专业委员会、青年工作者专业委员会委员，四川省反恐怖工作专家，成都市地下空间规划专家。主持国家自然科学基金等60余项科研项目、10余项教学改革项目，发表论文100余篇，其中SCI/EI等检索30余篇，出版中英文专著、教材10余部，申报、获得专利、软件著作权30余项，获省部级以上科技奖励12项。